自閉症児者の発達と生活

共感的自己肯定感を育むために

別府　哲

全障研出版部

はじめに

人が色で見える

私が相談を受けていた高機能自閉症児のアヤさんの話です。彼女は友だちの冗談がわからずに怒ってしまい、よくトラブルになっていました。一方、彼女はアニメを見たり、そのキャラクターを描くこと、フィギュアや剣の制作など、自分の好きな世界をいっぱいもっている子でした。

中学生になって少し落ち着いたころに、担任の先生について彼女に聞きました。すると彼女は、「今度の先生はいい」と言い、続けて「あの先生は、ピンクの優しい色」と答えたのです。「えっ、色って?」と聞き返すと、彼女は落ち着きがなくなり、「なんでもない」とそれ以後黙ってしまいました。お母さんにあとで聞くと、「前にもそんなことを言ったことがあります。そんなこと嘘だと思いますけど」と、まったく信じていないようでした。

あるとき、お母さんがふとしたきっかけで、知り合いのお母さんにその話をしました。するとその方が「えっ、そうなの?」と驚かれたのです。実はその方の息子さんも、同じことを前から言っていたそうです。けれどもその人もそれをまったく信じていなかったのでした。偶然でしたが、それをきっかけにお母さん同士が自分の子にその話をしたところ、どちらも相手に会いたいと言い、アヤさんはその息子さんと会うことになりました。二人は電話で約束して待ち合わせをし、とても楽しそうに意気投合していたという話を聞きました。

独自の感じ方、独自の世界

数字や音に色が見えたり、ある刺激に対して通常の感覚とはちがう感覚が生じることを共感覚といいます。これは障害をもたない人にもありますが、アスペルガー症候群の方の自伝『ぼくには数字が風景に見える』(ダニエル・タメット、講談社、二〇〇七年)にあるように、自閉症児者の中にもそういった感覚をもつ人がいると言われています。実はこのような報告はそれまでにもあったのですが、私自身、アヤさんの出来事に出会うまで、そういったことを十分に知りませんでした。そのため、最初に聞いたときに信じる気持ちになれなかったのだと思います。

自閉症児者にも個人差は当然あります。その意味で、すべての自閉症児者にこれがあてはまるわけではありません。またアヤさんのエピソードが、共感覚なのかどうかはもっと検討しなければいけないことも事実でしょう。しかし、このエピソードとの出会いによって、私はアヤさんのように人が色で見えると感じる自閉症児者の存在について考えさせられたのでした。

自伝などを通して、自閉症児者が独特な感じ方、考え方、そして世界をもっていることはかなり知られるようになってきました。ですが、すべてが伝えられているわけではありません。自閉症児者も障害をもたない人と同様に、十人十色の個性をもっています。今までの研究や報告では語りつくせない、目の前の自閉症児者がもっている独自の世界もあると思うのです。

私たちはときどき、自閉症児者が語ったり見せてくれる世界を、私たちの「あたりまえ」の基準で否定してしまうことがあります。私がアヤさんに「えっ、色って?」と聞き返したあとに彼女が黙ってしまったのは、その感覚を私に否定されたことを強く感じたからなのだと思います。それ以前にも他の人からも否定されたことが、余計に彼女を過敏に反応させたのかもしれません。そういった感覚や世界が客観的事実かどうかは、今後さまざまな形で検証されるべきものでしょう。しかし、客観的事実かどうかにかかわらず、まずは本人が語り示す世界に、ていねいに耳を傾ける姿勢が大切になるのではないでしょうか。

自らの感覚を否定される経験を積み重ねやすい自閉症児者だからこそ、このことを強く感じるのです。

障害特性にあてはめるのではなく

相談を受けた当初、トラブルの連続だったアヤさんは、「私なんかもうだめ」「いなくなればいい」ということばをくり返していました。ご家族や学校のていねいな取り組みの中で、彼女のそのような言動は、ある時期を境に減っていきました。そして、人に色が見える友だちと定期的に会うころには、笑顔も見られるようになりました。自分の独自の感覚を共有して認めてくれる人の存在が、アヤさんにとって大きな意味をもっていることを感じさせるものでした。

近年、特別支援教育がはじまり、自閉症児者の理解や支援にかんする本もたくさん出版されるようになりました。研修会も増え、理解の広がりも実感しています。一方、その理解が、「自閉症児者は〇〇という特徴をもつからそのように行動する」といった、障害特性へのあてはめにとどまっているものにもよく出会います。くわえてその場合、支援が障害特性に応じたハウツー的な方法の強調になりがちであることも気になります。

人格をもつ主体者として

アヤさんのように、自閉症児者が独自の世界や感じ方をもっているのは事実です。しかし、その独自な世界を、「自閉症だからもっている」障害特性として外側から見るだけでは、結果として、それを異質なものとして排除する方向につながることもあります。そうではなく、独自な世界や感じ方は、目の前の自閉症児者が何を喜び、何に困っているのかを共感的に理解する際の手がかりをあたえるものとしてとらえてこそ意味があるのです。

アヤさんが、人に色が見える友だちに出会えて笑顔が見られるようになったように、自閉症児者もその独自の世界を共感してくれる人を求めています。そしてこのことは、「自分の好きな世界を共感してもらえるとうれしい」し、そういった「認められる関係があることで自分を捨てたものではないと感じられる」という人格的な側面においては、自閉症児者も障害をもたない人となんらちがいがないことを示しています。

自閉症児者を、人格をもった一人の主体的に生きる存在ととらえる。この一見あたりまえのことが、障害理解の広まりの中で逆に軽んじられるようになっていないでしょうか。本来、障害理解と人格をもった存在としてとらえることは、矛盾するものではありません。障害による感じ方や世界のちがいを理解しつつ、それによってその奥底にある人格をもった一人の人間としての願い、思いをさぐり共感していくことは可能です。障害特性が解明され強調される現代だからこそ、それにとどまらない、自閉症児者の内面に共感する姿勢が強く求められていると感じるのです。

*

今、人格をもつ主体者としての自閉症児者に共感する実践が、全国各地で草の根のように広がっています。この本では、そんなことを私に感じさせてくれた実践を紹介しながら、こうした問題をみなさんといっしょに考えてみたいと思います。

【自閉症児者の発達と生活―共感的自己肯定感を育むために◆もくじ】

カバーデザイン／ちば かおり　写真／中村一座（岐阜）撮影／豆塚 猛

第1章

「共感的自己肯定感」と「競争的自己肯定感」

「あの人、かつら!」

高機能自閉症のとも君が、地元の小学校へ入学したときの話です。私もお母さんといっしょに、体育館での入学式に参加させてもらいました。

高機能自閉症とは、知的障害は基本的にない自閉症のことです。中心の障害は自閉症ですので、見通しのもちにくい場面、特定の感覚刺激はとても苦手です。はじめて入った体育館という知らない場所、次々と入場してくる人の騒々しい声の波。いずれも彼にとっては不安を強める要因だったのでしょう。とも君はイスに数分と座っていられず、会場をウロウロしはじめました。

そんな中で校長先生が壇上に上がり、「新一年生のみなさん、おめでとう」とあいさつをされました。すると、それまでウロウロしていたとも君が突然立ち止まり、校長先生を指差して驚いたように大声をあげました。そこで言ったのが、「あ、あの人、かつら！」だったのです。当然校長先生は、むっとされました。しかし校長先生は、みんなの中で「発達障害」の子を育てたいという熱意のある方でした。だから私も入学式に招待してもらえたのでしょう。そんな先生ですから、「かつら」発言にむっとしつつ、それを言ったのがとも君だったことで葛藤があったのかもしれません。少しの間をおいたあと、とも君に向かって「その通り、よく見つけたねえ」と言われたのです。

さっと察することが苦手

高機能自閉症の子どもは、知的障害がないだけではなく、大人びた口調や難しい物言いをすることも少なくありません。とも君も、「魑魅魍魎《ちみもうりょう》」など四文字熟語が大好きな子でした。発達を見る大事な指標である言語能力が高いため、彼・彼女らは、他の子が理解していることは、だいたいわかっていると誤解されやすいのです。

この場合で言えば、「かつら、なんて言ったら校長先生が気を悪くすることはわかっているのに、なぜ言うのか」というとらえ方です。「かつら」と言うと相手が嫌な思いをすること。これはとくに大人がくり返し教えなくても、「なんとなく」場の雰囲気で察してわかることです。難しい物言いはできるのに、なぜそんな常識的なことができないのか、というわけです。しかし、ある大人になった高機能自閉症の方はこう言われました。「Aと言えば相手がBと感じることは、教えてもらえればわかる。しかし、教えてもらってもいないのに、『空気を読め』『それぐらいわかるでしょ』と言われること、それが一番難しいんです」。自閉症児が人の心を理解しにくいことは、心の理論障害説などで指摘されてきました。そこで難しいのは、論理的に説明できる気持ちではなく、場の雰囲気や流れなどで察する気持ちであることが明らかにされてきました。とも君の発言も場の雰囲気がわかりにくく、相手がどう感じるかを察することができないがゆえのことだったのでしょう。

私たちは気持ちを察することを、情動や身体の感覚などを使って、「なんとなく」理解しています。通常は「なんとなく」わかることだから、そして「なんとなく」なのでその中身を私たちも完全には説明できないからこそ、それがわからない高機能自閉症の人を見ると、「なぜそんなことがわからないの！」とくり返し叱責してしまうのではないでしょうか。校長先生の一言はそれとはちがいました。とも君は、このあと校長先生が好きになり、毎朝校長室へ行くのを楽しみにするようになったそうです。目に見えない、そして通常は「なんとなく」ですませやすいところに障害をもっている自閉症の人たち。その障害によるユニークな感覚や理解のしかたをとらえることが、子どもに寄り添う第一歩であることを強く考えさせられました。

障害特徴の理解と共感的自己肯定感

自閉症の子どもたちの内面をさぐる手がかりは、最近の研究や実践、そして高機能自閉症者の自伝などでいくつかわかるようになってきました。さっと気持ちを察するのが苦手というのも、その一つです。

一方で、自閉症をもつ子どもは、障害をもちつつも、自分の家族や友だち、先生たちとかかわり合いながら、それぞれの生活の歴史をもち、発達の歩みを進めていきます。これは、障害だけでは決定されない、その人固有の人格の存在を示しています。障害特徴にしばられることなく、その人固有の人格が尊重され、自閉症をもつ人が自己肯定感をもてるような支援を大切にしなければなりません。

高垣忠一郎さん（臨床心理学・立命館大学）は、自己肯定感を二つにわけています。一つは、競争に勝ち他人より優れたところをもつことで保たれる「競争的自己肯定感」、もう一つは何もできなくても自分がそこにいてよいと感じられる、自己のかけがえのなさに基づく「共感的自己肯定感」です（『生きることと自己肯定感』新日本出版社、二〇〇四年）。そのうえで高垣さんは、他者と手をつなぐことを断ち切り競争に勝つことで達成され、他方では競争相手により変動させられる不安定さを特徴とする「競争的自己肯定感」ではなく、「共感的自己肯定感」をどう子どもに形成するのかが現在の課題だとしています。

私は自閉症をもつ子についても、同じことが言えると感じています。「わかる」「できる」ことを大切にしながらも、その先にある、自分のかけがえのなさを生きる力の拠り所とする「共感的自己肯定感」をどう育てるのかが、今こそ求められていると思うからです。

個別指導か仲間集団か

自閉症という障害特徴をしっかりと理解して支援すること。これがないがしろにされ、自閉症をもつ当事者に不要な不安や不快さを押し付けてきた歴史を考えれば、その大切さはいくら強調してもしすぎることはないでしょう。しかし、それのみを一面的に強調することは、「共感的自己肯定感」の形成と対立することがあります。

個別指導と集団の関係はその一例です。多くの自閉症をもつ子が、見通しのもてない場面に不安があり、苦手な感覚刺激でとても不快になるという障害特徴をもっています。ですが、同じ自閉症でも不安や不快の有り様は十人十色です。その子に応じて不安や不快を取り除いたかかわりを保障しようとすれば、個別指導が一番よいということになるかもしれません。その点のみを強調すると、自閉症児の指導は個別指導を基本とすべきであり、集団は必要悪的存在となります。ここでいう対立の一例です。一方、自閉症児者も自己のかけがえのなさを実感するためには、仲間集団の存在が必要であることを多くの実践が示しはじめています。

さきほどのとも君。人と話をするとテンションが上がりやすく、コマーシャルや四文字熟語の話を延々とします。それまでは、彼がそういった話をしはじめると周囲の人は辟易《へきえき》し、「もうやめて」とくり返していました。でも、話を聞いてもらえるのが本人はとてもうれしいことをお母さんから聞いた担任は、休み時間や給食の際にできるだけ彼の話を聞くようにします。

とも君のクラスでは、帰りの会で当番の子が好きなことを話していましたが、ある日とも君の順番になりました。そのようすを見て担任は、当番の日だけではなく、毎日帰りの会で彼がしゃべれる場を保障しようと思い立ちます。センスのある先生で、ただしゃべらせるだけではなく、先生が司会をして、「さあ、とも君オン・ステージです、どうぞ」と盛り上げたのです。すると彼はいつも以上にノリノリで話しはじめました。しかもタイマーで終る時間を決めておけば、それで話を終えられるようにもなったのです。感情を込めたセリフやギャグはなかなかおもしろく、同級生にも結構受けました。

高機能自閉症の子は人の心が理解しにくいから、お笑いは苦手かというとそうでもありません。パターンがあるからか、ピン芸人（一人で決まったギャグを言う人）のギャグは好きな子が少なくありません。とも君も〝ギター侍〟が大好きでした。そして、毎日その出番があることがわかってから、彼の生活がとても落ち着いていったのでした。

彼にとって、自分の話を誰かが聞いてくれることがうれしいのはたしかです。しかし、それを大人だけではなく、仲間に聞いてもらえたからこそ、さらにうれしく感じたのだと思います。他者に認められ受け止められる関係を経験することで、とも君はかけがえのない自分を少しずつ実感したのでしょう。それが自分をコントロールし生活を落ち着かせることにつながったのではないでしょうか。こういった経験の意味は、思春期になればさらに大きくなると予想されます。

私は、集団にとにかく入れようということを言いたいのではありません。自閉症の子の障害特徴を考慮し、安心感を十分に保障することは優先的に必要です。ですがそれにとどまらず、安心感の中で育った外へと向かう気持ちを、大人だけではなく仲間に受け止められたと感じられる経験につなげる。そこで得る「共感的自己肯定感」の大切さも、とくにライフサイクルを視野に入れた際には疑いのないことだと思うのです。

このように、障害特徴の理解による安心感の保障にとどまらず、「共感的自己肯定感」を育む実践が各地で展開されています。この本では、そういう実践を紹介しながら、そこでの対立軸を検討し、自閉症児者とかかわるうえで大切にしたいことを考えたいと思っています。

家族を支える

入学式のあと、とも君のお母さんは「この学校ならがんばれるかもしれない」と涙ながらに語られました。お母さん自身、それまで親戚を含め、育て方を批判された歴史がその涙につながったことは容易に理解できました。自閉症をもつ子どもをどう理解してかかわるのかということとともに、お母さんをはじめとした家族とどのように向き合い支えていくのか。障害者自立支援法が施行され、家族と支援者が分断・対立する構図が意図的につくられようとしている時代だからこそ、実践的に解明しなければいけない課題があると感じています。

その際私は、自閉症児者にかかわる人が、「共感的自己肯定感」をもてるように支える視点が大切になると思っています。なぜなら、自閉症児者にかかわる人自身が、「自分はダメな人間だ」といった自己否定感を強くもつときは、自分のことで手一杯で、自閉症児者の思いを聴き取ったり、そのかけがえのなさを認めることができないからです。自閉症児者の「共感的自己肯定感」を保障するためにも、そこにかかわる人が「共感的自己肯定感」をもてるようにすることが必要なのです。この本では、家族や支援する人を支えるということについても（とくに第6章以降）取り上げていきたいと思っています。

第2章

他者とつながる経験

■「まあ、いいんだけどね」

中一のゆう君は、小学校に入ったころに注意欠陥多動性障害（ＡＤＨＤ）と診断されましたが、小学校高学年で行動に落ち着きが出はじめ、高機能自閉症と診断が変わりました（このゆう君のように、本質的な障害は高機能自閉症なのですが、多動という現象に注目されることで、低い年齢ではＡＤＨＤと誤診される事例があることが指摘されています）。

高機能自閉症と同じような状態を示すものにアスペルガー症候群があります。高機能自閉症とアスペルガー症候群のちがいは、前者が三歳までのことばの発達に遅れがあるのに対して、後者はその遅れがないという点です。しかし、高機能自閉症児も就学前に急激に言語能力を発達させるため、就学ごろには両者はほとんど区別する必要がないと言われます。ゆう君は三歳までオウム返し以外のことばがなかったために、高機能自閉症と診断されたようでした。彼は身体全体が小さく、また誰にでもひとなつっこく接するために、周囲からは幼い印象をもたれている子でした。

中学校では授業中でも読みたいと思うと好きな図鑑を広げて読み出し、そのために体育館への移動が遅れると、その場で固まって動かなくなることもありました。そんな彼は同級生にからかわれて、筆箱を隠されたりしたこともあったようです。

でも、そういったトラブルのあと、給食に好きなから揚げが出るとそれまでのことがなかったかのように、笑顔で食べ出すのです。あとで、「筆箱隠されてどうだった?」と聞くと、いつも「まあ、いいんだけどね」とあたかも他人事のように話すのです。

ある日、ゆう君は、週一回会っていっしょに遊ぶ大学生に、ふっと「昨日、○○（クラスメートの名前）に髪の毛切られた」と言ったそうです。休み時間に後ろを向いたらそこにいたクラスメートに、突然ハサミで前髪を切られたのです。学生が驚き、「そんなことあったの?」と言うと、彼はいつものように「まあ、いいんだけどね」。

学生はその場面を想像し、ゆう君のつらさを感じました。そして、「それは嫌だったなぁ」と思わず言いました。すると彼は、〝えっ〟という顔で見たあと、言いにくそうにしながら「…うん、嫌だったんだ…」とつぶやいたそうです。このあと、彼は何でもなかったように「僕、先行くね」とそれまで遊んでいたゲームに戻り、その話題はもう出ませんでした。しかし、その一言がとても印象にのこったと、学生が私に教えてくれたのでした。

自分の気持ちがうまくわからない

「まあ、いいんだけどね」ということばは、嫌な出来事をまだ深く考えられない彼の内面の表れと周囲にはとらえられていました。しかし、その背景には、彼が絞り出すように言った「嫌だった」という、本当の気持ちが隠されていたのです。

私はこれを、周囲がゆう君の本当の気持ちをつかんでいなかったと理解するだけでは不十分だと思っています。高機能自閉症の人は、他者の気持ちがうまく理解できないことが多いと言われます。ですが実は、他者だけではなく、自分の気持ちもうまく理解できないことが少なくないのです。

自分を理解することは、他者の視点から自分を見つめることを必要とします。その意味では、自他理解は表裏一体の関係にあると言ってもいいでしょう。この自分の気持ちをうまく理解できないことが、その表現をユニークなものにし、高機能自閉症児者の内面をさらにつかみにくくさせることがあるのです。

両親が営む料理屋を手伝う、二〇歳の高機能自閉症の男性。ある時期から激しく何時間も怒るようになり、ご両親が彼とともに相談に来ました。本人と話をすると、「父親は食事も食べさせてくれないひどい親だ」と激昂《げっこう》します。そう言いながら突然、「先生は何歳ですか」と尋ねたりもします。その一見脈絡のない話を総合すると、次のような事情が見えてきました。

その料理屋は夜の客が一番多いため、従業員は夕方早めに食事をとりますが、彼はもっと遅くに食べたいと言います。最初ご両親は理由をていねいに話しますが、彼が何時間も同じ文句をくり返すうちに、「そんなこと言うなら、もう何も食べるな！」と怒鳴ってしまうのでした。

話を聞いているうちに、怒りのことばが父親ばかりに向けられていることが気になり、「お父さんにもう少し優しく言ってほしいねぇ」と言うと、彼の表情が変わりました。実は、彼はお父さんが大好きだったのです。そんな彼にとって一番ショックだったのは、夕食を食べられないことではなく、「食べるな！」とお父さんに怒られることだったのです。本当はとても悲しかったのでしょう。

彼はふくれあがった悲しさを、悲しさというカテゴリーで理解できず、同じネガティブな感情である怒りとしてとらえてしまったようでした。感情が未分化であることが、自分の気持ちをうまく理解できない一因となっていることを推測させました。

誰でも、しんどかったり混乱したとき、自分の気持ちを自分だけで理解するのは至難の技です。高機能自閉症児者の場合、障害によって他者の目を通して自分を理解することの苦手さが、その困難にいっそう拍車をかけていると思うのです。私たちが彼らの気持ちをつかもうとする際の困難には、この障害による独自の問題がひそんでいるのではないでしょうか。

自分で自分の気持ちに気づく

このことは、高機能自閉症の人の多くが、周囲と気持ちをわかり合えた、つまり感情や気持ちや思いが「他者とつながった」と実感できる経験を十分にもてないことを予想させます。周囲といっしょに喜んだ、悲しんだ、怒った、わかってもらえた。そんな経験を私たちは小さいころからごく自然に積み上げます。「他者とつながる」経験が十分にあるからこそ、「他者とつながれない」つらさや悲しさもまた強く感じ、それが「他者とつながりたい」という願いを強くさせます。

この「他者とつながれた」という経験自体が乏しいからこそ、「他者とつながれない」つらさも十分自覚できないことがあるのではないでしょうか。ゆう君の「まあ、いいんだけどね」には、そんな感覚が表れている気がするのです。だから彼の場合も、自分のことばの奥にある感情を学生が感じて返してくれたことで、「あぁ、自分はそういう気持ちなんだ」「それでいいんだ」と、はじめて思えたのかもしれません。

他者が合わせ鏡のように自分の気持ちを映し返してくれたとき、自分で自分の気持ちに気づく。これも大切な「他者とつながる経験」だと思うのです。

仲間集団に入るということ

高機能自閉症の子どもを、通常学級などの集団に入れることが話題になります。その際、「どこまで（どうやって）集団に入れたらいいのか？」という視点からのみ議論されることが多いように感じます。

生活指導の研究者である湯浅恭正さん（大阪市立大学）は、この視点を、通常学級の子ども（共同体）を中心に置いて、それに高機能自閉症の子がどう合わせるかに焦点化された見方であるとし、「共同体モデル」と呼びました（『生活指導』二〇〇四年二月号）。これは、高機能自閉症児を集団に適応させるという見方であり、そこには高機能自閉症児の内面にどのような育ちを生み出すのかという視点が含まれていません。

私は、高機能自閉症児者が集団の中で生活することの意味は、そこで「他者とつながる経験」をつくるところにあると思っています。障害により、「他者とつながる経験」がつくりにくいという、独自の困難をもっているからこそ、その経験をつくることを目指した独自の配慮と工夫のある集団活動・生活が必要なのです。

湯浅さんは、共同体モデルではない集団とのかかわりについても述べています。それは、まず障害をもたない子ども集団が高機能自閉症児者の世界に寄り添うことからはじめるというものです。

たとえば、授業中に突然関係のない恐竜の話ばかりをする男の子に対して、「授業をちゃんと聞きなさい」と言うのは、共同体モデルの対応です。そうではなく、その場はうまく流しながらも、先生がその話をおもしろいなぁと聞く。そして、「恐竜について彼から教えてもらおう」という場面をつくることで、みんなが彼の話に興味をもつ。教師の代弁と場面設定という媒介的働きかけで、高機能自閉症児者の世界を子ども集団の側が共有する。それによって「他者とつながる」経験ができるのです。その喜びを感じるからこそ、今度は、高機能自閉症児者の方から集団の活動に参加したくなる。それが、双方が仲間を求めて共同活動を広げる契機になるのです。

他者とつながる経験と共感的自己肯定感

最初に書いたエピソードの話を担任の先生とする中で、担任の先生のゆう君のとらえ方が変わりました。それまでは固まって動かなくなったとき、つい集団に参加させようと先生は叱っていたそうです。しかし、その行動には彼の思いがあると感じてから、教職員の協力を得て、その場で彼とつき合うようにします。

するとある日、彼は一時間くらい固まっていたあと、少しずつ身体を起こしてお茶を一杯飲み、「僕、嫌だった…」と話し出しました。先生は「話してくれてとてもうれしい」と彼に伝えました。それから彼は時々、数語ですが嫌な内容や理由を先生に言うようになったのです。先生は、彼の思いをクラスのみんなに自分なりのことばで伝えました。

ゆう君の行動には彼なりの思いや理由があると共感する先生の姿勢を感じたのか、それ以後、同級生によるからかいは減っていきました。あわせて、ゆう君は先生の紹介で通うようになった塾で、彼と同じ好きな世界（ロボットや電車）を強くもつハジメ君に出会います。塾は家から遠く、ゆう君は自家用車での送迎でした。ところが彼は、ある日、バス通学だったハジメ君と二人で駅までバスで帰ったのです。

それ以来、いつもゆう君とハジメ君は同じバスで帰ります。お母さんが「バスで何を話すの？」と聞くと、ゆう君は「何も話さない」。ようすを聞くと、ゆう君は一番後ろの席でバス全体を見渡すのが好き。ハジメ君は運転席のすぐ後ろで速度計など機器を見るのが好き。だから同じバスには乗りますが、乗った瞬間に一番前と一番後ろにわかれて、そのまま駅まで行くので、たしかに「何も話さない」。でもそんな関係ができたころから、彼の表情は少しずつおだやかになっていきました。

学生や先生が合わせ鏡のように寄り添い、映し返しをする中で、ゆう君自身が「他者とつながる」経験を積み上げる。それが「他者とつながりたい」という気持ちをふくらませる。そしてハジメ君というホッとできる仲間との出会い。こういった「他者とつながる経験」の保障が、ゆう君の中に共感的自己肯定感を育んだのかもしれません。そして、この共感的自己肯定感は、ゆう君の変化をうれしそうに話す先生の中にも強く感じられました。最近の印象的なエピソードの一つです。

第3章

かけがえのない自分と集団づくり

甲子園での応援が働く力に

障害児学校の高等部を卒業したあとに、後期中等教育を保障する場としての専攻科をつくる運動が全国で起こっています。和歌山でその運動にたずさわってこられた障害児学校の教員の小畑耕作さんから、その中でつくられたある専攻科の卒業生が、社会に出たあと、自発的に集まっているという話を聞きました。

カラオケに行ったり飲み会をするのですが、自閉症の人に人気があるのが、甲子園球場に行くことだそうです。甲子園の応援はおもしろく、味方が攻めるときの応援、相手投手が交代するときの歌などがほとんど決まっているため、何回かテレビを観たりすればそのパターンがわかるのです。また、とても熱の入った球場独特の雰囲気があり、一生懸命大声で応援していると、知らない隣の人が「にいちゃん、元気ええなぁ」と誉めてくれる。わかりやすい応援パターンと、そこにいるみんなと容易に一体感を感じられる経験。この楽しさが、仕事はしんどいがもう少しがんばろうかという気にさせてくれる。それが、自閉症の人に人気がある秘密なのかもしれない、と障害児学校の先生が語っておられたのが印象的でした。

仲間がいることで育つもの

木下孝司さん（神戸大学）は、仲間集団の中で、「いま、ここにいる自分」「誇らしい自分」「必要とされている自分」を実感するプロセスを経験できることこそが、障害児者の「かけがえのない自分」を育てることを指摘しています（『みんなのねがい』二〇〇七年五月号）。「かけがえのない自分」は、第1章で書いた「共感的自己肯定感」のことです。

甲子園球場でみんなで応援する経験は、自分の存在が受け入れられる仲間関係の心地よさを感じるという意味で、「いま、ここにいる自分」を実感する経験と思われます。そして、応援を誉められることは、いっしょに応援する人たちに「必要とされている自分」を感じる機会となるでしょう。そしてそこで得たエネルギーが、しんどい気持ちとがんばらねばという気持ちの間で揺れ動きながら、それを乗り越えて働き続け、給料をもらう「誇らしい自分」を感じる原動力になっていることを推察させます。

現在、特別支援教育における個別指導計画の広がりの中で、能力を個別化（たとえば、食事でスプーンを使う能力）したうえで、「できないことをできるようにする」ことのみが教育であるといったとらえ方が強められています。この個別化された能力を伸ばすためには、集団での指導より一対一で指導した方が一見効率的に感じられます。くわえて、自閉症の認知特性（たとえば、視覚的刺激がわかりやすい）や感覚の過敏性などの特徴の解明は、「わかりにくく」「不快な」刺激を取り除きやすいということで、個別指導の有効性を指摘する根拠とされてきました。

しかし、多くの実践は、そういった視点からは一見むだに思われる仲間集団の存在によってこそ育つ力があることを教えてくれます。その力は、先ほどの専攻科の卒業生の例が示すように、働く意欲、生きる意欲とでも言えるものかもしれません。自閉症児者は、その特徴により周囲の人とうまくかかわれない場合があります。ですが、「かかわらない」姿は「かかわりたくない」気持ちを表しているのではなく、「かかわりたい」願いと「うまくかかわれない」苦しみの表現でもあるのです。

「かけがえのない自分」は、一人だけで生み出せるものではなく、仲間集団があってはじめて実感できます。だから「かかわりたい」願いは消えないのでしょう。高機能自閉症児やアスペルガー症候群児の場合も同じだと思います。

のちにアスペルガー症候群と診断された、小学校五年生の大地君に対する里中広美さんの実践記録は、そのことを如実に示しています（里中広美「大地とみんなをどうつなぐか」『生活指導』二〇〇四年二月号）。

大人が気持ちを代弁する

大地君は、授業中は落書きをするか図鑑を見ており、興味のある話になると突然甲高い声で延々としゃべり出す。知識は豊富ですが不器用で、話し合いや係活動などはほとんどやらない。そんな彼は、他の男子の攻撃の的になっていました。

そういった大地君に里中さんが行った次のようなかかわりは示唆的です。いつも大地君は掃除をやらず、みんなに叱られると怒り出してしまいます。そんな彼に，ある日里中さんはみんなの前でこう語りかけます。「ねえ、大地はここに来たらまずカレンダーが気になっちゃってつい見ちゃうんでしょ?」。いつもなら叱られるのに、自分の気持ちを話されることで、思わず大地君も怒らず「うん」と返事をする。続いて、友だちにほうきを使うように言われて持つが、ついまたがりたくなって掃除を忘れてしまう（アスペルガー症候群の特徴の一つで、ファンタジーの世界に没頭しやすい）のではないか。そんなときに注意されると掃除を思い出すが、また叱られるとムカッとくるのではないか…という語りかけに、大地君は「うーん、そうだな…」と応答していきます。そこで里中さんは、次の日から掃除をするためにはどうすればいいかの提案をいくつかすると、大地君はそのうちの一つを選び、その後毎日ではありませんが、掃除をがんばる日ができるのです。

他者に対等に尊重される自分

大人は「なぜ掃除をやらないの！」と注意しがちです。人は相手の気もちがわからないときほど、まず善悪の基準で判断しやすいのです。掃除は大筋しか決まっておらずアバウトでわかりにくいため、自閉症児には苦手な活動です。そこで叱られることは、心理的混乱を一層強めるだけだったのでしょう。しかし、里中さんはまず大地君の身になって「なぜそうしたのか」を想像し、その思いを代弁したのです。

その代弁は正確ではなかったかもしれません（大地君自身にも本当の自分の気持ちの理解は難しい）。ですが、そのように自分をとらえようとする大人の姿勢の中に，彼がいつもとはちがう他者のまなざしを感じたことは十分予想できます。それは、他者に対等に尊重される自分という感覚です。彼がその後しきりに、「ついやっちゃうんだよねー」をうれしそうに連発した姿は、その喜びの表現だったと思われます。そして、認められる自分を感じられる関係の中で、彼は自分の行動を自ら変えようとする姿を見せていったのです。

子どもの気持ちを代弁することは、彼・彼女らを「甘やかす」こととはちがいます。それは「いま、ここにいる自分」を認め実感させることであり、だからこそがんばって「誇らしい自分」をつくり出そうとする力を育むことにつながるのです。

健常児集団とは敵対的関係？

こうした実践に対する疑問として、「障害児の視点に立つことは大切だが、それで他の健常児集団の要求に応えられるのか」といったことがよく言われます。しかし、障害児を大切にすることと健常児集団を大切にすることを、一方が得をすれば他方が損をするという敵対的関係でとらえると、大事な視点を欠いてしまいます。それは、障害児と健常児集団のいずれもが安心できる居場所となる学級集団づくりが、障害児にとっても健常児にとっても必要であるという視点です。そして、それが里中実践の根底を貫き支えているのです。

里中さんが大地君の気持ちを代弁することで、彼の気持ちを理解しようとする仲間が出てきます。その一人の千春さんを大地君と組ませて、算数のプリント学習をしたときです。千春さんがていねいに大地君にかかわるのを見ながら、里中さんは他の気になる子にかかわっていました。そのとき、大地君が突然「うるさいな！」と千春さんに怒鳴り、千春さんが泣き出す事件が起きます。そのとき里中さんは、千春さんや大地君を責めるのではなく、まず千春さんに謝り、大地君には「この勉強つまんなかった?」と気持ちを聞きます。その里中さんの姿勢に大地君は、「いま、ここにいる自分」が認められていることを感じたのでしょう。怒ったり言い訳をするのではなく、目をそらしながらも「遊んでしまった」と自分の非を認めます。そこで里中さんは千春さんの気持ちも代弁し、彼女の一生懸命さと怒鳴られた悲しさを大地君に伝えます。すると大地君が「ごめんね、もう怒鳴らないから」と千春さんに謝るのです。

里中学級は三二人のクラスで、彼以外にも集団に入れない子が四人以上おり、弱者攻撃も多いクラスでした。そうだからこそ、この里中さんがとった行動は生やさしいものではないと思うのです。そこには、大地君の気持ちにも千春さんの気持ちにも寄り添い、それを誠実に代弁しようとする姿勢が強く感じられます。これは「どの子も安心して自分を出せる」集団づくりが、すべての実践の根幹になるという、確固とした教育観が存在するからこそなのでしょう。

人間的呼応の営み

大地君の気持ちだけが代弁され、他の子が自分は大切にされていないと感じる集団では、大地君自身も安心できる居場所にはなり得ません。これは逆も同じです。実践的には、障害児と健常児集団が敵対的関係に陥りやすいことはあります。忙しい学校においてとくに生じやすい問題です。担任教師をサポートして励ます人的・心的支えを保障することは急務です。それとともに、集団のすべての子が安心できる居場所となる集団づくりをめざすことが、回り道のようで、実は障害児が「いま、ここにいる自分」を強く感じられる集団の保障につながることを教えてくれます。

さらに、このような粘り強い取り組みの中で、集団にいっさい入らなかった同じクラスの陸君が、実は弟が自閉症であることを大地君にだけ語り、大地君も自分の障害名を告白する件《くだり》が描かれています。そして紆余《うよ》曲折がありながらも、大地君の気持ちをしっかりと聞きながら要求も出せる、対等な仲間関係がつくられていきます。どの子も安心感をもてる集団は、どの子も対等に正義が言い合える集団でもあります。

生活指導の研究者の近藤郁夫さんは、「教育実践は人間的呼応の営み」だと言いました(『教育実践―人間的呼応の営み』三学出版)。

教師が子どもの人間的願いを探って代弁し、それを行おうとしている自分の中にも人間的願いの存在を感じる。高機能自閉症児を含めた集団づくりは、まさにこの人間的呼応の営みを広げ深める課題を提示していると強く感じるのです。

第４章

発達の中心的課題を自ら乗り越える

これまでの章では、「共感的自己肯定感」ということばを使ってきました。一方、このことばを用いることに違和感を覚える実践に出会うことがあります。

ある障害児学校高等部では、生徒に授業のようすを自己評価させ、自分のがんばったところや良かったところを、毎時間ふり返らせる取り組みを行っていました。たとえば、「友だちの意見をしっかり聞く」などの項目があり、自分で「○―△―×」をつけさせる。そして「○」の数が前の時間より増えたことを教師が評価して返す。この取り組みの理由として教師が言ったのが、「子どもに自己肯定感を育てるため」であったのです。

評価項目は、「意欲・態度」のような主観的なものから、活動で仕上げた製品の数など客観的に評価できるものまでさまざまでした。具体的にできることを一つずつ増やし、それを評価することで子どもの意欲を高めることは大切です。しかし、それが子どもの意欲を高めるためには、周囲の評価を押し付けるのではなく、子ども自身が「自分はがんばったなぁ」としみじみと感じられることが必要です。そして子ども自身がそう思えるためには、がんばった課題が、大人が設定した細切れの部分的課題ではなく、子ども自身が揺れながら乗り越えたいと願う、その子の発達の中心的課題の場合であると思うのです。だからこそそれを乗り越えることで、自己肯定感が育まれ、それが発達の全体に大きな影響をおよぼすのではないでしょうか。

集団に入れないたっちゃん

四歳で出会った自閉症のたっちゃん。彼は音への過敏さと大きな集団への不安がとても強く、みんながはしゃぐプールや、交流保育で歌を歌う場面などは泣いて逃げ回っていました。最後の逃げ場所は園庭の溝。そこに石を落として、水面に広がる波紋を見るとはじめて表情が落ち着くのでした。ヒトより、水面の波紋というモノが彼の不安をおさめるようでした。

そんなとき、無理に集団に連れ戻すのではなく、「つらかったねぇ」といっしょに水面の波紋を見てくれる保育士が担当になりました。彼女とのかかわりの中で、それまで好きなこと（たとえば、ブランコを押す）をしてもらうためにしか大人を求めなかった彼が、ちがう姿を見せるようになりました。

ある日、交流保育で歌がはじまり、不快な表情をしたたっちゃん。園庭へ出るかなと思うと、その日は外へは出ずに担当の保育士にしがみつきました。楽しいことをしてもらうためではなく、不安な場面で大人を求めるのははじめてのことでした。保育士がその不安を受け止めるように「大きい音恐いねぇ」と小声でつぶやくと、たまたまたっちゃんの大好きなミッキーの音楽がはじまりました。すると、彼は保育士にしがみつきながら、時々、歌うみんなの方をさっと横目で見ました。

そのようすは、たしかにみんなの歌う音楽を聞こうとする姿でした。本当にすごいと思った保育士は、数分後二人で室外に出たあと、「ミッキー楽しかったねぇ、よく聞けたねぇ」とことばをかけました。話しことばはまだないたっちゃんでしたが、まんざらではない表情でふっと横を向きニタニタと笑ったのです。

交流保育の中で数分間だけ音楽を聞けた。それは「できた」こととしては些細なことかもしれません。しかし、大きな音が恐いたっちゃんが、保育士が不安な際の心の支えになったことで、恐いけれどミッキーの音楽も聞きたいと思えるようになった。「聞きたい、けど恐い、でも聞いてみたい」、そんな揺れる気持ちを、保育士を心の支えに乗り越えられた。そうやって自己肯定感を感じたからこそ、保育士のことばでこのような笑顔が生まれたのだと思います。

たっちゃんはこのあと、それまでなら拒否していた場面でも、好きな保育士がそばにいると、どうしようかと迷うようすを時々示すようになりました。交流保育での、自分で乗り越えられたという自己肯定感が、それ以外の場面でも挑戦する意欲を生み出したと考えられました。

現在の個別支援計画では、短期間で目に見える成果を求めやすいため、細切れで成果の出やすい目標を設定する傾向があります。しかし、そういった目標を達成してポジティブな評価を受けても、たっちゃんのような自己肯定感は形成できないのではないでしょうか。ポジティブな評価をすれば自己肯定感が育つのではない、評価する目標

（課題）を大人がどう設定するのか、そこにこそ、大人の側の子ども観、発達観が問われてくる、と思うのです。

揺れながら戻ってこられる感覚

最初の実践に対するもう一つの違和感は、ポジティブな自己評価を増やす（強める）ことが、ストレートに自己肯定感につながるとしている点です。ポジティブな自己評価を増やすことは、ときに、子どもを追い詰めることもあると考えるからです。

自己肯定感と似た日常語に「自信」があります。「自信がない」「自信をもてば何でもできる」。この表現には、いったん自信をもてばそれは揺るぎなく存在し、いつでもその人の支えになるといったイメージがあります。先ほどの実践でいう自己肯定感も、同じイメージでしょう。しかし、その見方は少しでも自己肯定感が揺らいだとき、自分をダメな存在と思うことと表裏一体になります。ネガティブな自己評価で心が揺れたとき、「こんなにがんばったのに、自分はやっぱり自己肯定感がもてないダメな人間だ」と、自分を追い込んでしまう危険性をもっているのです。

そういった自己肯定感と、ここで述べる「共感的自己肯定感」は異なると考えています。共感的自己肯定感は、確固としたものではなく、常に揺らぎを含むものです。自分を「捨てたものじゃない」と思えるときもあれば、「自分なんかダメだ、不安だ」と揺れるときもある。どちらも自分のありのままの姿で、否定されるものではありません。そしてその両者を認めたうえで、しかし、揺れたら揺れた方向に振り切れてしまうのではなく、揺れながらも何となく「自分も捨てたものじゃない」と思える状態に戻ってこられるという感覚。それが共感的自己肯定感だと思うのです。

障害児者やひきこもりの方、そしてその家族の相談を行っている臨床心理学者の田中千穂子さん（東京大学）が述べる次のたとえは、この揺らぎをよく表していると思います。サーカスの綱渡りのように一本の糸の上に乗っていつ左右に揺れて落ちるかわからない不安定な状態ではなく、ある程度幅をもった平行台の上にいて、揺れるけれど落ちずにまた平行台に戻ってこられる感覚である（『こころのバランスが上手にとれないあなたへ』講談社、二〇〇四年）。

何度も不安になったり、自分をダメだと思ってもいいのです。でもそのときに、いつか少し不安が和らいだ状態に戻れると何となく思える。共感的自己肯定感とは、そんな自己に対する信頼感ではないかと思います。

これは簡単に獲得できるものではなく、一生追い求めるものかもしれません。そして、自分一人だけで追求できるものでもないでしょう。そこでは、自分を認めてくれる仲間、思いを共有する他者の存在が必要になると思うのです。

自分で不安を増大させる

のちにアスペルガー症候群と診断されたしん君は、三歳ころ保育所で友だちの目を指で突くことをくり返して、相談に来ました。友だちとのトラブルが多かったのですが、小三になると先生が変わったからか、教科書、プリントなど学校にかんするものは全部ビリビリに破るようになりました。ある日、家で小二のときに学校でもらった朝顔の鉢が見つかりました。お母さんが「これ、学校へもっていかなくていいの？」と言うと、学校ということばに反応したのか、突然傘をもってきて鉢を割ってしまいました。ところが少しして から割れた鉢を見て、今度は「うわー、先生に怒られる！（鉢を）直して直して！」と泣き叫んで暴れ出したのです。

このようにアスペルガー症候群の人が、自分で不安になる種をわざわざつくり、それによってさらに不安を増大させてパニックになることがあります。これは、しん君も昔からよくくり返していた行動パターンでした。お母さんも冷静なときは頭ではわかるのです。でも、こういった行動がくり返されると、その後のさらに大きな彼の問題行動が予測され、やってはいけないと思いつつ、結局「なぜそんなことするの！」と怒ってしまう。それがしん君の泣き叫びをさらに増大させてしまうのでした。

ところが、そのときの対応はちがいました。お母さんは、「そしたら明日、この鉢どうしたらいいですか、って先生に聞こうね」と冷静にしん君に話をしました。すると、しん君もお母さんの落ち着いた感情が伝わったのか、「うん」と言ってパニックを比較的短時間でおさめられたのです。

「今度、相談すればいいかなって」

お母さんの以前の対応を知っていた私にとって、この話は驚きでした。お母さんはこう言われました。「以前は、母親である自分が不安になっちゃいけない、もっとがんばらないと、と思ってました。でも毎週ここで話を聞いてもらっていると、最近は、不安になってもそれもまた今度相談すればいいかなって思えるんです。今でもよく不安で眠れないときもあります。でもそう思うと、ちょっと気が楽になって」。

しん君のトラブルはかなり激しく、お母さんの精神的なつらさは十分想像できるものでした。だから、毎週五〇分間の相談では、お母さんのしんどさに少しでも共感しようと思いながらも、結局話を聞くだけで終わることがほとんどでした。しかし、そんな相談でも、毎週話を聞いてもらえる人がいること、そこで不安な自分を出してもいいと思えたことが、お母さんにとって何とか不安と付き合えるかな、という感覚をもてるきっかけになったのかもしれません。

　できたことをポジティブに評価されるだけではなく、不安になったり、できない自分も受け入れてくれる他者に出会える。それは仲間であったり、教師や指導員であったり、家族であったりします。そしてその他者の支えが、揺れても戻れる共感的自己肯定感を生み出すのです。教育現場の多忙化や障害者自立支援法は、そんな他者との出会いを、自閉症児者やその家族から奪うものになっているのではないか。そんなことを強く考えさせられることばでした。

第5章

自分で考える「間」を保障する

わかりやすい指示

認知の特徴から、自閉症児者には特有のわかりやすさがあると言われます。話しことばなどの音声言語よりも、絵や写真、文字といった視覚的刺激による指示の方がわかりやすいという特徴はその一つです。

そして、自閉症児者の問題行動のいくつかが、指示がわからないために生じることが指摘されてきました。多くの自閉症児者がわかりにくさに困っており、周囲の工夫と配慮が求められることは言うまでもありません。ですが一方で、その過度な強調は本来の意図とは逆に、自閉症児者の発達を阻害する場合があると私は思っています。それは、自閉症児者が自ら考える力を育てる機会を奪いかねないということです。

わかりやすければすぐ行動する？

わかりやすい指示を強調する背景には、自閉症児者が行動や応答できない原因が、その場で何をすべきかが「わからない」ためだとする考えがあります。しかし、この考えは、「わかりやすさ」を保障すれば自閉症児者はすぐ行動や応答ができるはずだ、という短絡的な把握につながりやすい危険性ももっています。

ある障害児学校で、自閉症児への指示の方法として、絵カードを重視しました。一日のスケジュールなど、指示すべき内容を目で見える形で明示するのです。あわせて、子どもが大人に要求を出すことも重視し、それも絵カードを使うようにしました。たとえば、その子が教室から外へ出て行く際には、行きたい所を「トイレ」「滑り台」など、あらかじめ用意したいくつかの絵カードから選ばせるようにしたそうです。でも、ある自閉症児が、絵カードを選ばずに飛び出したり、選んだ絵カードとはちがう所に行くことが多くなったというのです。わかりやすい手段を使って本人の要求を受け止めようとしているのに、なぜそれを拒否するのかがわからないということでした。

私は、この相談の背景にある自閉症児のとらえ方に違和感を覚えました。それは、自閉症児は常に自分で意識できる要求をもっており、だからこそ絵カードなどのわかりやすい手段さえあれば、すぐに要求を出せるはずだとしている点に対してです。人は要求を意識化できる力があっても、「〇〇へ行きたい」などの確固とした要求を常にもっているわけではありません。どこへ行きたいかはわからないけれども、何となくおもしろくないので外へ出たい、ということもあります。また、最初は「ブランコへ行きたい」と思ったけれども、廊下を歩くうちに聞こえてきた太鼓の音にひかれて、行きたい場所が変わってしまうこともあるでしょう。

わかりやすさは、周囲を理解して自分を表現する大切な手段ですが、要求などの自閉症児者の内面の動きや育ちはそれと同じではないのです。そうだとすれば、絵カードを選ぶことを拒否したり、選んだのとはちがう所へ行く場面こそ、子どもの内面の動きをさぐるチャンスともいえるのです。

これは、大人の指示に子どもが従うことを求める場面でも同じです。たとえば、指示が十分に「わかる」状況でも、あるいは「わかる」からこそ、指示に従いたくなくて行動を躊躇《ちゅうちょ》することがあります。指示が「わかる」ことは、あくまでも行動や応答を起こす一つの要因であり、すべてではないのです。私たちは、あたりまえのこの事実を、障害の特徴の過度の強調によって、忘れてしまう場合があると思うのです。

内面の揺れを大切にする

わかりやすい手段を提示されてもすぐに応答しない行動には、「わかった」うえでさまざまに内面が動いている場合があります。そして、こういった内面の揺れに大人がていねいに付き合い、本人が考える「間」を保障することが、自閉症児者が自分で考える力を育てる契機になることがあります。二〇〇七年の全障研全国大会（埼玉）の「自閉症児・者の発達と生活」分科会に出された、青年期の息子さんの二六年の歩みを綴った佐野道子さんのレポートから、この点を考えてみます。

「僕もがんばるからみんなも仕事がんばって」

作業所に通う佐野さんの息子さんは、知的には七〜八歳の力があり、テレビのアナウンサーが言ったことをそのまま覚えてしゃべれるために、まわりの人からよく「すごいねえ」と言われます。彼は、将来サラリーマンになることを希望し、就職面接も受けましたがうまくいかず、眠れない日が続いたあと、作業所でてんかんの大発作を起こして、事故で大やけどを負ってしまいます。救命センターに入院するほどの大けがでした。それなのに、入院中の彼を見舞いにきた作業所の職員を見て彼は、「僕もがんばるからみんなもがんばって」と言ったのです。

佐野さんは、こんなにしんどいのに職員の前でいい格好をする姿に、彼の苦しみを感じます。そこで「しんどいって言ってもいいんだよ」と言うと、「言っていいの？」と答え、はじめて大粒の涙を見せました。彼は、自分を受け入れてくれる人の中にいるときは、その人から期待されるとすぐに「がんばります」と言い、実際にがんばってしまうところがありました。それによって逆に、「できない」弱い自分を認められず、「しんどい」と言える力を抑え込んできたことを考えさせられました。

「俺が悪いんとちがうよな」

そんな彼は、相談できる人を得たことで、しだいにしんどいときには新聞紙を破り、大声で抗議して自分の思いを出せるようになります。ですが、そこでもう一つの課題が見えてきたのです。それは、自分が失敗したりまちがえたときに、自分の非を認められないことです。自分の失敗でまわりに迷惑をかけても、自分は悪くないと強く主張するのです。

たとえば、ガイドヘルパーがグループホームに住む彼を、京都へ連れて行ったときのことです。その約束は「一〇時にグループホームへ迎えに行く」でした。しかし、彼は京都へ早く行きたい一心で、一〇時にグループホームではなく、駅へ直接行ってしまいます。ヘルパーとすれちがいで会えずトラブルになります。あわせてその日は、彼自身がグループホームのみんなで外食しようと提案していた日でもありました。彼の見たいところを全部見てグループホームに戻ってきたのは六時半。結局、みんな外食ができませんでした。それをグループホームのキーパーに注意されたあと、彼が佐野さんに言ったのが「俺が悪いんとちがうよな」だったのです。

佐野さんはそこに、事実を受け止めて自分で考える力の弱さを感じたと言われました。ガイドヘルパーが「京都へ行く」と伝えた時点で、彼は行きたい場所へと思いを巡らし、どこへ行くのかばかりを考えたのでしょう。そのために、続けて言われた「一〇時にグループホームへ迎えに行く」という約束は正確に聞いておらず、でも返事を求められるので「うん」と言う。そして早く京都へ行きたいために、「一〇時に駅で会った方が早い」と自分だけで決めて行動する。結局、周囲のことば（状況）を正確に理解し、自分の気持ちと突き合わせてどうすべきかを考えることが弱いために生じた失敗だと感じたのです。

さらに佐野さんが重要だと思ったのは、親が、こういった彼の失敗パターンを十分に予測できるために、失敗しないように先に手を打つことばかりをくり返してきたのではないか、ということでした。彼の表情や気のない「うん」という返事で、ヘルパーの指示を正確に聞けていないことがわかる。そこで親なら、「もう一度電話して待ち合わせの場所と時間を確認したら」とすぐに助け舟を出してしまう。そうすれば彼は失敗せずにすむ。けれども、そのことは、彼自身が何を誤解し、どうすればよかったのかを考える機会を奪うことになっていたのではないか。さらにそれは、彼が失敗をふり返り、乗り越える経験をもてないことにつながる。それが、失敗場面での注意を激しい叱責と受け取り、自分を守る言動に固執する方向に彼を追い詰めたのではないか、ということでした。

失敗を考える「間《ま》」を保障する

自閉症児者の抱える不安や不快がとても激しいことは、高機能自閉症児者の自伝によって明らかにされてきました。だからこそ周囲の人は、成功経験をたくさん保障し、不安や不快を生み出さないように生活や活動を工夫します。そこでは「わかりやすさ」が大きな意味をもちます。

自閉症児者の支援を考える場合、まず「わかりやすさ」に配慮して成功経験を積み上げることで、世界とかかわる安心感を保障することは大切です。しかし、そこにとどまるのではなく、自閉症児者にも、失敗を自分で見つめて乗り越える経験を意図的に保障し、自分で考える力を育てることは必要であるし、また可能だと思うのです。

佐野さんは、息子さんと同じ作業所に通う自閉症の男性の例を挙げました。その方は、作業所から帰る前に台所の食器乾燥機のスイッチを入れる仕事を任されていました。ところが職員が朝、作業所へ行くと、食器が濡れたままのときがある。そこで職員がスイッチを入れて乾かすと、登所した彼が激怒するのです。「なんで（乾燥機が）動いている！俺は入れた！」。それに職員が感情的に応答すると、余計に彼は激しく怒ります。

そこである日「なんで！」と怒る彼に、職員は「乾いていなかったから」と事実だけを冷静に伝えたそうです。彼は「俺は入れた」と言いますが、職員は黙ってそれを聞き、それ以上問いただしたり叱責しませんでした。すると彼はしばらく腕組みをしたあと、「わかった！　ボランティアさんが（昨日）ざるを洗ってくれてから（スイッチを）入れようと思ったけど（俺が）忘れたんや。納得した」と言ったのです。叱責するのでもなく、失敗しないように先取りして配慮するのでもなく、事実をていねいに伝え、自分で考える「間」を保障したことが、このような姿を生み出したと、佐野さんは考えたのでした。

感覚をはじめ、周囲とのずれに苦しむことが多い自閉症児者にとって、失敗を冷静かつ主体的に受け止めることは並大抵なことではありません。そのためには多くの手間ひまと、成果をすぐに求めない回り道の支援が必要です。だからこそ、「失敗を乗り越え、失敗から学ぶ」経験を、自閉症児者が受け止められる形で保障する教育の創造が強く求められていると思うのです。

第6章

家族が障害を受け止めること

「この子は私を母親とわかってくれるんでしょうか」

これは、ショウ君という自閉症児のお母さんのことばです。ショウ君は二歳すぎから突然、碁石を黒白黒白…と並べることが大好きになり、時間があるとそればかりやり続けていました。また、歌の歌詞を一曲覚えたりもするのですが、ことばはオウム返しばかりで、やりとりに使うことはありませんでした。お母さんとも視線は合わず、一日に何回も外へ飛び出ていました。

激しい混乱と疲れの中、お母さんは三歳児健康診査で療育施設を紹介され、通うようになります。私が相談でお会いしたのは、そのころでした。発達検査では、ショウ君は課題をやらないか、やってもこちらの指示を無視していました。「積み木、高い高いしようね」と言って私が積んでも、まったくそのようすを見ません。しかし、検査を終わりにしてお母さんと話していると、目の前にあった積み木を突然一人で一〇個積み上げます。それに気づいて「すごいね」と誉めても、それには反応を返してくれませんでした。

ただ、シャボン玉を吹いて見せたときだけはとても興味を示し、「アー」と言いながらもう一回吹くように要求してくれました。要求にくり返し応えると、一回だけですがシャボン玉が割れたときに、笑って私を見てくれたのです。彼の興味のある世界をこちらが共有することが、彼が人の世界へと関心を向ける一つの窓口になっていることを感じさせられました。

とても大切な発達の芽だと感じたので、そのことをお母さんに伝えても、お母さんの表情は硬いままでした。そして、それまで黙っていたお母さんが突然言われたのが、最初のことばだったのです。

心の支えとなる人

家族には、障害のある子を育てるがゆえのさまざまな悩みがあります。それは一人ひとり多様で、簡単にまとめられるものではありません。しかし、そこにある程度共通するものも存在します。子どもが見せるさまざまな「問題」行動や、自分の悩みを聞いたり支えてくれる人がいないことなどが、障害児の家族の共通する悩みとして挙げられています。

一方、就学前の自閉症児をもつ家族が、他の障害をもつ子の家族より強く感じやすい悩みとして、自閉症児が大人（とくに両親）を心の支えとする行動を見せてくれないことがあると言われます（坂口美幸・別府哲『特殊教育学研究』第四五巻第三号、二〇〇七年）。通常子どもは、生後まもないころから、物音や物の姿形よりも人の声や顔に注意を向ける力をもっています。大人がそれに喜んでかかわる中で、生後一〇ヵ月ころには、困ったり嫌なことに出会うと、両親などの身近な大人を求めて近寄り、そこで受け止められるとホッと安心する姿を示すようになります。これは、身近な大人にだけ見せる姿です。これを「心の支えとなる人の形成」と

呼んだりします。

この行動は子どもにとってだけではなく、身近な大人にも大きな意味をもちます。なぜなら大人は、子どもが困った際に他の人ではなく自分を頼ってくれることで、自分はこの子に頼られる価値のある大人であると感じられるからです。自分はこの子の親なんだと実感させられると言ってもいいかもしれません。親が子どもに育てられる一つの場面でもあります。

自閉症をもつ子は、この心の支えとなる人を形成することが、発達的に遅れることが多いと言われます。それによって、親としての自分が実感しにくく、それを親がつらく感じるのは当然かもしれません。ショウ君のお母さんのことばは、他の何よりもそれを一番つらいものととらえていた思いを表していると考えられたのでした。

「もっとがんばれって言われているような気がして…」

ショウ君は療育施設に通う中で変わっていきました。お母さんと離れての集団療育がありましたが、いつもショウ君はお母さんと離れるときも再会するときも、何事もなかったかのように振る舞っていました。

ところが一年ほど経ったある日、お母さんが迎えに行くと、その姿を視界のはしにとらえたショウ君は、ニタッと笑いながらお母さんに抱きついたのです。お母さんとの再会が集団療育の緊張をときほぐしたかのようでした。

それを一つのきっかけに、お母さんはショウ君が見せる一つひとつの行動をとても楽しそうに話すようになりました。以前のお母さんとの大きな変化を感じた私は、話を聞くたびに「お母さんすごいねぇ、がんばったねぇ」とくり返していました。最初は「そうですよねぇ」と笑顔で応えていたお母さんでしたが、ある時期から私のことばを無視するかのように、話題を替えるようになりました。

そんなとき、お母さんが他のお母さんに話していたのが、「すごいねぇ、と言われるたびに、もっとがんばれって言われているような気がしてしんどい」ということばだったのです。

子どもの障害を大人が受容すること

これは、ショウ君の発達とお母さんの変化をいっしょに喜んでいると勝手に思っていた私には、とてもショックな出来事でした。ですが、そこから教えられたことは少なくありませんでした。

当時の私は、子どもの障害を大人が受容する場合、それは段階的・直線的に進むものと考えていました。ドロータらは、障害受容に次の五段階があるとしました（Drotar,et al,一九七五年）。それは、障害の事実を知りショックを受ける時期（Ⅰ　ショック）、そして「障害なんてない」などと、障害そのものを否定する時期（Ⅱ　否認）、障害の事実は認めるが「なぜ自分の子がそうなのか」と心理的には受け止められない時期（Ⅲ　悲しみ・怒り）を経て、心理的に受け止め（Ⅳ　適応）、子どもといっしょに歩もうとする（Ⅴ　再起）というものです。

障害受容が段階的・直線的に進むという考え方は、いったん障害を受容すればそれは生涯変わらないということを暗黙の前提にしています。私自身そう思っていたからこそ、ショウ君のことを楽しげに語るお母さんに障害を受容した姿を感じ、がんばりを何度も誉めてしまったのだと思います。

障害受容は螺旋《らせん》的に進む

ショウ君のお母さんの姿を共感的に誉めることが悪いことだと言いたいのではありません。しかし、私のことばは結果として、ショウ君のお母さんを心理的に追い詰めてしまいました。それは、障害受容における揺らぎを認め、ライフサイクルを見通して家族を支援する視点が、私に欠けていたからだと思うのです。

中田洋二郎さん（立正大学）は、障害受容は段階的・直線的ではなく、螺旋的に進むものだと述べ、それを図で示しています（『早稲田心理学年報』二七、一九九五年）。この図は、表が白で裏が黒の細長い布をぐるぐるねじったような状態だと考えてください。白い部分が障害を肯定した状態、黒い部分が障害を否定した状態です。すると障害受容は、障害を否定した状態からはじまり、ある時期に障害を肯定できる状態になる。しかしまた、障害を否定する状態がくる。このように障害を肯定できる状態とできない状態を交互にくり返しながら、その中で次第に障害を受容していく。これが、障害受容の螺旋形モデルです。

　障害児とその家族のライフサイクルを考えれば、ある意味当然かもしれません。たとえば、自分の子に障害があるとわかったとき、それが受け入れられない時期がある。だけれども、就学前の通園施設や保育所でいろんな先生や仲間に出会い、子どもも変化する中で、「この子といっしょにいてもいいかな」と思えるようになる。でも就学を控えて、この子はきょうだいと同じ通常学級へいけるのかと学校選択で悩み、「なぜこんなに悩まなければいけないのか」と思うと、また子どもを受け止めにくくなる。しかし学校へ入学し、落

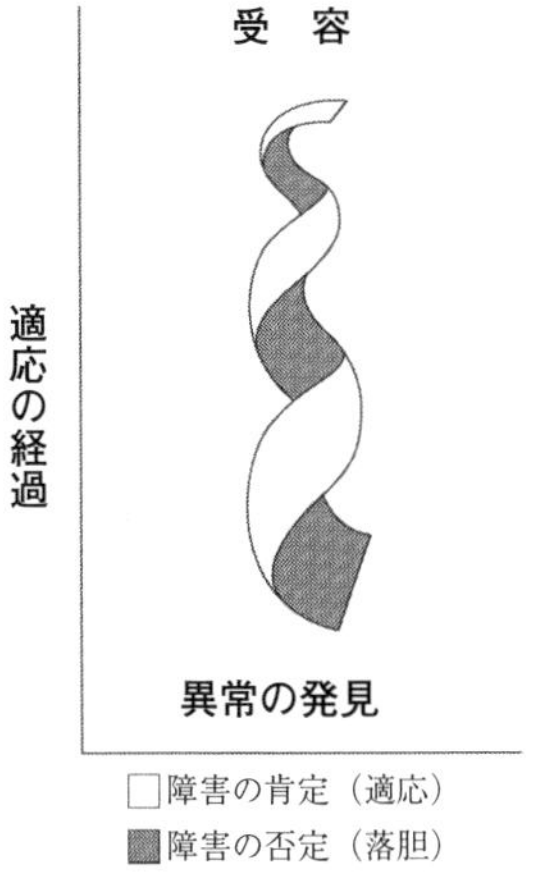

図　障害の受容の過程

ち着いた生活がはじまると、子どもといても少し楽になる。でも思春期に「問題」行動が激しくなると、また子どもといることがつらくなる…。

こういったことは誰にでもありえると思います。くわえて家族は、子ども以外に、祖父母やきょうだいなどいくつもの関係を引き受けなければなりません。この関係による課題（たとえば、両親の介護）による疲れが、子どもを受け止めにくくさせることもあります。このように、子どもの障害を受容することは、子どもと家族のライフサイクルで、何度も揺らぐものなのです。

障害受容できない自分も受け止める

そうとらえれば、相談を受ける側は、家族が障害受容の姿を見せたときに、その道のりをいっしょに喜びつつも、またいつか受け止められなくなってもそれはそれでだいじょうぶ、というスタンスをもつことが必要になります。障害受容をあたかも終着点のようにとらえていた以前の私の理解による賞賛は、家族に「もうこれからは、障害を受容できなくなってはだめだよ」というサインを、無意識のうちに伝えることになっていたのかもしれません。それが、ショウ君のお母さんの「もっとがんばれって言われているような気がしてしんどい」ということばにつながったのだと思うのです。

現在、障害児者だけではなく、その家族にも、自助自立に見られる、他者に頼らない「強い自分」であるべきとする流れが、さまざまな形で押し寄せています。家族は早く障害受容をすべきであるという主張もその一つでしょう。

それに対して障害受容の螺旋形モデルは、障害を受容できない姿は単純に否定されるものではなく、障害の肯定と否定は表裏一体であることを示しています。先述したように、障害の肯定だけ見てその背景にある障害の否定を無視することが、家族を追い詰める場合があります。一方、障害を強硬に否定する姿が、その背景に存在する「障害を認めなければいけない、でもそうしなければならないと思うほど認めたくなくなってしまう」といった葛藤や揺らぎを打ち消すためのものである場合もあるのです。

表面に表れた障害の否定や肯定の言動にとらわれるのではなく、その背景にある葛藤や揺らぎといった苦しさも含めて、家族を理解し受け止めることが、今求められていると思うのです。

第７章

家族の思いを聴き取るということ

自閉症のお子さんだけではありませんが、障害児者の家族からの相談で教えられたことがたくさんあります。その一つが、相手の話をていねいに聴き取ることの大切さです。私自身相談活動をはじめた当初、お子さんについての質問にすぐ答えを示そうとしたり、家族に子どもの障害をわかってもらおうと躍起になっていたことを思い出します。もちろんそれが必要なときもあります。ですが、それよりもまず家族の思いをていねいに聴き取ることが、大きな意味をもつこともたくさんあると思うのです。

気持ちがわかるからこそ混乱する

お母さんから相談を受けていたアスペルガー症候群の男の子が、中学校に入りました。

彼は集団競技はうまくないのですが、テレビで見たプロ選手にあこがれて、バスケットボール部に入りました。

しかし、人の気持ちを察知するのが苦手な彼は、先輩とトラブルになります。最近中高生の間で、シャツをズボンから出し、ズボンをお尻が少し見えるぐらいまで下げるファッションがあるようです。その学校ではそれを「下げパン」と言い、多くの子がそうしていました。ところが彼はいつもシャツをズボンの中に入れ、きちんとズボンを上げているのです。それを見た先輩が「おまえ、上げパンか」とからかうと、彼は「はい、そうです。僕は先輩のように足が短くありませんから」と言いました。それで先輩が怒って、殴ろうとしたのです。

以前の彼なら、自分を殴ろうとした相手に恐怖を感じつつも、「なんで殴るんだ！」と相手に怒りをストレートに表していたと思います。しかし、そのころの彼は、自分の言動と他者の気持ちのつながりがわかりはじめていました。相手が怒るのは自分の言動に原因があるかもしれないことはわかる。しかし、どの場面でのどういう言動が相手を怒らせたのか、その具体的なつながりになるとまったくわからない。だから彼は、自分の言動が相手を怒らせる可能性だけが見えてしまい、でも内容がわからないので防ぎようがない激しい不安がつのっていったのでした。

この理解は、他者が同じ言動をしても、その背景の気持ちはいつも同じではないということの気づきにもつながりました。そのため、友だちから何か言われても、あれは自分をバカにして言ったのか、冗談で言ったのか、言動の真意がわからないことにも激しく悩むようになったのです。

本人と家族・学校の悪循環

お母さんがこの悩みを聞こうとすると、彼は字義通りの解釈なのか決めたパターンなのか、「学校の問題はまず学校の先生に相談すべきだ」と言い、担任の先生に相談をします。ところが、その相談の仕方が半端ではないのです。休み時間ごとに毎日六回、七回と職員室へ行っては、「先ほどの時間に、○○君がこう言ったのはどういう意味でしょうか」などと、延々と聞くのです。

最初は先生もていねいに答えていましたが、いつも同じような質問なので、だんだんうんざりしてきます。中学校自体が荒れていて、先生が他で手一杯だったこともあるのでしょう。「少しは自分で考えろ」と少し突き放されるようになりました。それで彼は余計に不安になり、ついには家でお母さんに毎日二時間以上悩みを訴え続けるようになります。お母さんもイライラして、思わず「もういいじゃない」と言うと、「俺のことなんかどうでもいいと思ってる」と激怒します。それでお母さんがまた落ち込み、余計に彼の話を聞くのがつらくなっていきます。

そのときお母さんは学校に相談に行きました。家族も疲れていましたが、先生も疲れていました。お母さんが「あの子はこんなに不安がるんです」と言うと、先生は「学校も十分相談に乗ってがんばっています」と言います。先生としては、学校側は彼の問題を無視しているわけではないことを家族に知ってもらいたかったのでしょう。しかし、お母さんは自分の不安を聞いてもらえないからか、「先生はわかってくれない」と不満をつのらせていったのです。

そんなことが続いて、家族と先生との関係が悪くなりました。先生は、この家族は不満ばかり言うと感じたようでした。お母さんの相談に定期的に乗っている私が、学校の先生と話したいとお母さんを通して伝えても、無視されることが続きました。学校からすれば、私は「親といっしょに学校批判をしている」存在に見えたのかもしれません。学校と家族の悪循環は、当然子どもをさらに不安定にします。そうやって、学校、家族、子どもの三者が相互にトラブルを抱える関係になってしまったのです。

「僕、死にたい」

それぞれの関係が膠着《こうちゃく》状態で、それぞれが苦しかったと思います。しかし、一番苦しかったのは本人だったのでしょう。数ヵ月がすぎて、男の子の表情がなくなっていき、「僕、死にたい」と言うようになりました。お母さんは耐えきれなくなり、彼を別の学校に転校させたい、と教育委員会に直接電話をしました。教育委員会が慌てて学校へ問い合わせ、そこで先生方も、このままではいけないということで話し合いをもつことになりました。

お母さんが先生と会うのはつらいと言うので、とりあえず両親を除いて話をすることになりました。学校の先生は最初身構えていました。私がお母さんの話を少しすると、「学校も担任もがんばっているんです。けれどもなかなかうまくいかないのです」と言います。「お母さんにもそういうお話をされるのですか」と聞くと、「はい、学校の努力を伝えて安心してほしいと思うのですが、なかなかそう思ってもらえない」ということでした。

話を聴き取るということ

それを聞いたときに、私は自分の失敗と重なると思いました。実は彼にかんする相談はとても深刻なことが多いため、私もそれに冷静に対応できず、感情的に巻き込まれることが多々あったのです。そうすると私は、問題を距離をとって見つめられないからか、具体的な手をすぐに打たなければと必死になってしまうのでした。その結果、「こういう機関に相談してみては？」「こういう手紙を先生に書いてみたら？」と、次々とアドバイスをしたのです。

ところが、アドバイスをちゃんとしたと私が思う日ほど、お母さんは苦しそうな顔で帰るのです。あるとき、私自身アドバイスがつきて、何も言うすべがなくなったことがありました。それでもお母さんが悩みを語られるので、「本当につらいですね」とだけしか言えず、話を一生懸命聴くだけで終わってしまった日がありました。しかし、帰り際にふとお母さんの顔を見ると、その日はいつもよりすっきりとした顔をしていたのです。

お母さんは少々何か手をうっても、すぐに彼の不安な状態が変わらないことをわかっていたのでしょう。なのに、私からあれこれアドバイスをされると、出口の見えない努力を強いられるようで、とても苦しかった。アドバイスよりも、自分の苦しい思いをまずはていねいに聴いてほしかったのかもしれません。だから、私がはっきりと意図してやったのではなく、そうせざるを得ずにやった一生懸命聴くことでも、お母さんにとって、少し気持ちを楽にするきっかけになったのかもしれないと思うのです。

悪循環の一つが少し動くことで

学校の先生に私の失敗も伝えて、「一度、学校はこうがんばっていますということは一言も言わず、お母さんの話をすべて聴いて、『お母さんもがんばっているのですね』とだけ共感してもらえないか」と話しました。先生は、「そういうことなら」と言い、次の話し合いでは、お母さんの話をていねいに聴いてくれたようです。

お母さんは自分のつらさを聴いてもらえたことで、学校へのわだかまりがずいぶんなくなったようでした。話を聴いてもらえ、お母さんが少し楽になる。楽になると、彼の不満を聴くのも多少ピリピリせずに対応できるからか、彼も少し楽になります。それによって、彼が先生に話に行く回数が、一日に七回から四回、三回と少しずつ減って、先生も楽になる。一つの関係がちょっと楽になることで、がんじがらめになっていた悪循環が少しだけいい方向へまわりはじめたのです。

問題にかかわる大人が「間《ま》」をもつこと

子どもの「問題」行動は、家族や学校など周囲との悪循環によって、その激しさに拍車がかかります。とくに自閉症の人の問題行動の激しさや、高機能自閉症の人の問題行動の表出の仕方のユニークさが、周囲を追い詰め、いらだたせる場合はなおさらです。この悪循環は、システムとして連動してマイナスの循環になります。だからそれに対応する場合、システム全体を根本的に変えられなくても、システムの一ヵ所を少し変えるだけで連動が変わり、悪循環の環を断ち切れることも少なくないのでしょう。まずやれることをやってみることは、決して意味のないことではないのです。

この場合で言えば、先生がお母さんの悩みをとにかくていねいに聴いたことが、システムの悪循環を変えました。これは、家族や学校など子どもとかかわる側が、問題を少し冷静に距離をとって見つめる「間《ま》」ができたことによるのかもしれません。先生に聴いてもらえることで、お母さんが彼に「間」をもって接する心の余裕を少しもてる。それが彼自身の不安に対する「間」を生み出し、その変化が先生の対応の「間」をつくり出したとも考えられるのです。

大人が問題に「間」をもって対応するためには、条件整備や教職員集団などの大人集団のあり方の検討が必要なことは言うまでもありません。あわせてこの例が示すのは、問題を直接解決するだけではなく、苦しんでいる人の話をていねいに聴き取ることも、大人が「間」を取るために大きな意味をもつということです。

相手を説得するのではなく、また表面的にことばを聞くのでもなく、そこに込められた思いを聴き取る。それは生半可ではできないことだと思います。だからこそ、ある程度相談を受けられない時間もあることを明確化し、職員集団でフォローするなど一定の「枠」が必要になる場合があるでしょう。しかし、多忙化と競争の中で自己責任を求められる現在の流れが、家族や学校にこの「間」をもちにくい状況をつくり出しているからこそ、聴き取ることの意味をもう一度大切にしたいと思うのです。

第８章

納得するまで待つこと

ネガティブな自分も認めてくれる他者との出会い

障害をもつ子どもの発達を保障するうえで、家族による子どもの障害の受容は大きな意味があります。これを理性だけではなく、感情も含めて行うのは並大抵なことではありません。しかも、学校や施設が子どもとかかわるのは基本的にライフサイクルの一時期、そして一日の数時間です。でも、家族はライフサイクルすべてにかかわり続けます。子どもが生活施設に入った場合も心理的には同じでしょう。意識するかしないかにかかわらず、それだけ重い課題であることを感じているからこそ、家族は簡単に障害を受容できない場合があると思うのです。

このことは、生後しばらく経ってからでないと障害の発見と診断がされない自閉症の場合はなおさらです。その中で「子どもがかわいくない」「障害を認めたくない」という否定的な思いも生まれます。そして、否定的な思いをもってしまうことでネガティブな自分を感じて苦しむ方も少なくありません。

家族が障害を受容していく際には、自分を認めてくれる他者と出会えることが大きな意味をもちます。否定的な思いも含めて認めてくれる他者との出会いが、揺れながらも自分なりのペースで受容していく契機となるのでしょう。ネガティブな自分も含めて受け止められる人間関係を構築すること、そして納得して障害受容できるその家族独自のペースを大切にすること。このことを教えられた一つの事例を紹介します。

音楽の時間に机の下にもぐり込む

相談や研修会で私がよく訪れていた小学校で、集団から外れることの多い一人の女の子の相談を受けました。小二のマリさんです。

私が最初に彼女のことを見たのは、音楽室での授業のときでした。授業の途中で先生がCDをかけようとスイッチを入れると、彼女は突然「イヤー！」と叫び、耳をふさいで机の下にもぐり込みました。先生や友だちの誘いはありましたが、彼女は一時間そこから出てきませんでした。しかし、音楽の授業が終わると、何でもない顔でさっと一番先に廊下へ出て行きました。ところが廊下で上級生にぶつかり「うるさい」と言われると、突然廊下に大の字で寝転んで動かなくなりました。普段の授業では、ちゃんと座ってトラブルなくすごせる日も多いマリさんです。国語で詩をつくると､感受性の鋭い作品をつくります。一方で、授業中とくにおもしろいことがないときに突然笑い出したりして、まわりの子が驚くこともありました。

自閉症の診断には生育歴（とくに三歳以前）の聞き取りが必須です。そこにかんしてはわからないことも多々ありました。しかし、私が見たマリさんの姿は、高機能自閉症と考えると理解しやすい行動が多いことも事実でした。たとえば、音楽の授業で机の下へもぐり込む行動は、聴覚過敏のためにCDプレーヤーでCDがまわりはじめるときの高音の機械音に対する激しい不快があるためではないか、一方自分が机の下にもぐり込んでいたことを他者がどう感じるかの理解が苦手なので、授業が終われば何もなかったかのように振る舞えるのではないか、ということです。

子ども理解と支援の引き出しを増やす

最近、高機能自閉症などの診断の必要性が教育現場で強調されます。診断は、医療との連携や本人による障害受容などにとって大きな意味をもつため、決して軽視すべきではありません。しかし、過度の強調は本来の目的とは異なり、「診断がなければ教育ができない」といった、目の前の子に今やれる教育を学校自身が放棄することにつながりかねないときがあります。

自閉症は、近年、自閉症スペクトラムの一つとして把握されています。自閉症スペクトラムとは、自閉症児者が示す特徴は自閉症と診断されない多くの人にもあり、その強弱にちがいがある連続体としてとらえるという考え方です。そしてその強度があるレベルを越えた場合に、自閉症の診断が該当することになります。

この考え方は、目の前の子どもに自閉症児者の示す特徴と類似した行動があれば、診断の有無にかかわらず、自閉症スペクトラムに位置づけることを可能にします。そして、目の前の子どもの行動の理由や支援を考える際に、自閉症児者の場合に考えられる理由や支援を一つの仮説として使えることの有効性を示しています。これによって私たちは、自閉症児者にだけではなく、多様な教育的ニーズをもつ子どもを理解・支援する引き出しを増やすことができるのです。特別支援教育の本来の目的が、一人ひとりの多様な教育的ニーズに応える教育にあるからこそ、子ども理解と支援のレパートリーを広げ深める視点で、障害理解を活用する必要があるのだと思います。

今できる支援と家族への働きかけ

マリさんの担任と学校の教職員はそういった視点で、彼女の行動を理解し支援を工夫しました。たとえば、音楽の授業でCDプレーヤーを使うことを極力やめます。でも、他の音に対する聴覚過敏で机の下にもぐり込むかもしれない。その場合には授業へ戻るように働きかけるよりも、まずは「今、嫌な音があったね」と共感することばかけをていねいにすることを考えました。すると彼女は、机の下にもぐり込む回数が減り、もぐり込んでも先生のことばかけでほっとした表情を見せるようになったのでした。

先生は、彼女が個別の苦しみを抱えていることを知り、それを家族にも共有してほしいと思い、私を交えて家族と相談しました。お母さんは最初緊張した表情でした。しかし先生が、マリさんの行動の意味とそれへの支援をていねいに話すと、しだいにおだやかな表情を見せました。個別に配慮した先生の対応は、「ぜひお願いします」と言われました。

「それは結構です」

先生は続いて、「そういった行動をどう理解してかかわったらいいいか、継続していっしょに考えてもらえる場所」として病院への相談を勧めました。ところがその話が出ると、お母さんの表情は硬くなり、「それは結構です」と拒否したのです。家族にとっては突然の話だと思ったので、そのときは先生も「わかりました」と、お母さんの意見をそのまま引き受けました。

この話は職員会議で教職員全体に共有されました。そして、それから毎年、マリさんの行動の意味と支援を家族と話し合う場を継続してもちました。お母さんは毎年学校へ来てくれ、マリさんに対する学校の独自の取り組みを評価してくれました。しかし、相談機関の話は、「それは結構です」と拒否をくり返すのでした。

家族が納得できるまで待つ

マリさんが小学校五年生のときの家族との話し合いの前に学校で研修会があり、私も参加しました。周囲の子を含めた集団を育てるとともに、思春期に入りかけたマリさん自身が自分を受け止めるためにも、今こそ相談機関の受診が大切だと思い、「もっと強く受診を勧めたら」と発言したのです。

それに対して、ずっとかかわってきた教育相談の担当の先生は、「思春期やこれからの発達を考えて受診が大切なことはしっかりお伝えします。しかし、ご家族がそれを納得できないなら、そこはやはり待ちましょう」と言いました。そして話し合いで家族は、やはり受診を拒否したのでした。

それでも学校は、マリさんと家族を粘り強く支え続けました。在校時だけではなく、中学校への進学に際しても、中学校の職員会議に先生方が出向いて話をし、また中学校の管理職に小学校に来てもらう機会もつくって、ていねいな申し送りをしたのです。

そのような中、中学校の通常学級でマリさんはトラブルがありながらも、職員集団に支えられてすごしていきました。しかし、中一の終わりころ、彼女が家で「私はみんなと何かちがう」と泣いて訴え、登校しぶりをするようになりました。そのときお母さんは、「前に先生が言っていた病院の電話番号を教えてください」と小学校に電話し、すぐに病院を受診したのです。その後も相談は継続され、紆余《うよ》曲折はありながらも、マリさんの顔に少しずつ明るさが戻り、中学校を卒業していきました。

決して家族を見捨てない

マリさんの家族が受診を勧められてから、実際に受診するまでに五年の歳月がありました。それは、家族が納得して障害を受容するために必要な年月だったのだと、今では思います。実は、小学校高学年で受診を勧めた当時、私は学校がそれを強く勧めないことに不満をもっていました。私のその思いは、受診を拒否する家族を非難することと表裏一体になっていたのだろうと思います。

しかし、学校はちがいました。「納得できるまで待つ」ことは、決して家族の言う通りに動くことではありません。学校は受診を拒否する思いを認める一方で、粘り強くマリさんと家族に働きかけ続けました。学校が伝えたかったのは、学校は家族と本人を絶対に見捨てないという熱い思いだったと思うのです。

そしてこの思いが、ネガティブな自分も含めて認めてくれる、決して自分を見捨てない他者のまなざしとして感じられたとき、家族の中で何かが動きはじめたのでしょう。その結果、説得されるのではなく、家族自らが納得して受診を決断することが可能になったのだと思います。そのために必要な五年間だったのです。この経過は、障害を受容しにくかったり揺れる家族の背景に、「私たちは誰からも見捨てられる」という、激しい見捨てられ不安が存在する可能性を教えてくれるのです。

一人の人間として尊重される

家族のペースを尊重して納得できるまで待つことは、生やさしいことではありません。子どもの発達を考えるからこそ、支援する側が「就学までに」「私が担任をしている間に」

障害受容をしてほしいと思うことは多々あります。しかし、それが家族非難を内にもつと、結果として家族の見捨てられ不安を強め、家族と子どもを追い詰めてしまう場合があるのです。納得するまで待つことは、家族を「障害児者の親」としてだけではなく、独立した人格をもった「一人の人間」として尊重することを必要とするのでしょう。

尊重され、自分の思いがみんなに支えられているという安心感を保障することが必要なのです。競争と自己責任が強調される現代だからこそ、もう一度考えてみたいことだと思います。

第9章

子どもの見方、かかわり方が変わることが、新たな力を引き出す

激しい自傷行為

二〇〇八年八月に和歌山で開かれた全障研全国大会の「自閉症の人たちの生活と発達」分科会で、激しい自傷・他傷行為を行う障害児学校小学部の舜二君との実践記録が報告されました（東京都立の障害児学校の教師である塚田直也さんの報告）。舜二君は、イライラすると自分の腕を噛もうとし（自傷行為）、それを止めに入った先生の腕を噛んだり、髪の毛を抜く他傷行為を頻繁に起こすのでした。

塚田さんは、舜二君の行動をただ止めるのではなく、彼の心の動きを大切にしたいと言われました。それまでは、とにかく自傷行為を止めるために、前年度からの対応を引き継

ぎ、彼を羽交い絞めで押さえ込んでいました。しかし塚田さんは、あるエピソードから彼が本当は自分や塚田さんを噛みたくないのに思わず噛んでしまうことで余計に苦しいのではないかと考え、対応を変えます。それは彼が自分を噛もうとする際に、止めずに近くで見守ることでした。

するといつもなら羽交い絞めに来る先生がそうしないことで、舜二君が「あれっ」という感じで塚田さんを見ます。そして、「噛まないの？」とでも言うかのように、自分の腕を塚田さんの口もとに差し出します。塚田さんは「噛むと舜二君は痛いよね。そんなこと先生はできない」と言います。そして逆に塚田さんが彼に腕を出し、「しんどかったら噛んでもいいよ」と言うと、躊躇《ちゅうちょ》しながら少しだけ甘噛みをする。そのプロセスで興奮がしずまり、その場をおさめることができたのです。

ここでの舜二君の内面をどうとらえるのかには、さまざまな意見があるかもしれません。しかし、少なくとも彼の噛む行為は、相手とのパターン化したやりとり（自分の腕を噛もうとする→大人が自分を羽交い絞めにする→その大人を噛む）にはまり込むことで、さらに激しくなった可能性があると思われました。だから、大人のいつもとはちがう行動（離れて自傷行為を止めない）が、そのパターンを崩し、彼の応答を変えたと考えられるのです。

大人の態度が問題行動の引き金に

このように、子どもの行動が変わる背景に、大人自身の子どものとらえ方とかかわり方の変化が存在することはよくあります。

ある障害児学校の中学部に通う自閉症の女の子は、暗いところが嫌いで聴覚過敏もあったため、暗闇で突然大きな音が鳴る映画館には小さいころから入れませんでした。お母さんはそれを知っていたので連れて行かなかったのですが、ある日、新しいボランティアの方と二人で外出した際、彼女は映画館に入って映画を楽しめたのです。

彼女自身の発達もあったでしょう。一方それまでは、映画館には入れないだろうと不安に思うお母さんの態度が、彼女を緊張させて入れなくさせていたのかもしれません。逆に、ボランティアの方はそれを知らないためにあっさりと映画館へ連れて行った。それが彼女にはよかったのかもしれない、とお母さんは語られました。

子どもの育ちは大人の育ちに応じてしか見えてこない

ろう学校でろう重複障害児を長らく担任された竹沢清さんは、「子どもの育ちは教師の育ちに応じてしか見えてこない」と言われました。この「教師」は「大人」に置き換えてもよいでしょう。子どもだけが変わるのではなく、大人の子どもの見方、かかわり方が変わることが、子どもの新たな力を引き出すということです。

これは逆に、子どもの問題行動が大人のある態度や行動によって引き起こされる可能性も示しています。大人の態度や行動自体が、子どもの問題行動の引き金になるということです。そして、「刺激―反応」の図式をつくりやすい自閉症児者においては、余計にそうなりやすい危険性をもっていると思うのです。

「うまくいかない」ようにうまくいく

自閉症児者の中で、特定の刺激に接すると、それへの特定の反応が止められないように見える場合があります。こだわりと言われる行動の多くがそれにあたります。

そういったこだわりが、自閉症児の問題行動と結びつくことで、問題が激しくなるときがあります。さきほどの舜二君が、自分を羽交い締めにする先生を見て、自傷行為だけではなく他傷行為もしてしまうのもその一例でしょう。そして問題行動が激しいときほど、大人はまずそれを止めることを最優先にすることが少なくありません。そういった状況では、「なぜ彼（彼女）がそうするのか」といった内面をさぐる問いかけは、大人集団の中で封殺されやすくなります。その中で、激しい問題行動がそれを押さえ込む周囲の行動を生み出し、それがさらに激しい問題行動を生み出す悪循環がつくられやすいのです。

これは、文化人類学者のベイトソン（Bateson,G）のことばを借りれば、「『うまくいかない』ようにうまくいく」システムができあがっているともいえます。大人は子どもの問題行動をなくしたいからこそ、羽交い絞めにしたり一生懸命に取り組む。しかし、その思いとは裏腹に、子どもの問題行動を持続して生じさせる（うまくいかない）状態をつくり出しているのが、実はその一生懸命な大人の取り組みそのものだということです。

こういった状況は、問題行動を起こさざるを得ない状況に追い込まれるという意味で、子どもにとってつらいのは当然です。しかし、一生懸命取り組みながらそのシステムから抜け出せない大人も、とても苦しい場合があるのです。

「トイレに行くな！」

四歳で高機能自閉症と診断されたとも君のお母さんが相談に来られました。彼は激しいこだわりがあるお子さんでした。その一つに、お母さんが自分の近くから離れると怒り出すことがありました。とも君は好きなことを一人でしているのですが、お母さんがその場を離れると「行くな！」と怒るのです。お母さんがトイレに行こうとしても「行くな！」。

お母さんは彼を怒らすと、あとでさらに大きなパニックになることを知っているのでがまんする。しかし、結局最後は行かざるを得ないのでトイレに行くと、「なんで行った！」と怒りながらお母さんをすごい勢いで叩きます。彼をそれ以上怒らせたくないお母さんはそこでもがまんします。するとしばらくして怒りがおさまったあと、とも君は「お母さん、うれしい？」と聞くのです。

どうも、とも君は先ほどの場面では叩くのを抑えられないのですが、その後、それでお母さんが怒っていないかどうかが気になるのです。お母さんが「怒ってないよ」とか「うれしいよ」と言う。しかし、とも君は一回では満足せず、何回も同じ答えを言わせます。ところが、その数十分後にお母さんが夕食の準備で部屋を離れようとすると、先ほどと同じことがまたくり返される（お母さんが離れようとする→とも君が「行くな」と怒る→それでもお母さんが離れる→とも君が怒って叩く→しばらくして「お母さん、うれしい？」と聞く）。これが毎日、何回もくり返されるのです。

お母さんは頭ではわかっていても、同じことが延々とくり返されると、「もういい加減にして！」という気持ちになり、「あっち行って！」と怒ってしまう。そして、怒ってしまった自分にさらに落ち込む。毎日がそんなことのくり返しだと言われたのでした。

「お母さんがもう少しがんばれば…」

とも君は誰とでもそうなるかといえば、そうではありませんでした。担当の加配保育士に慣れたころ、彼は保育士にも「トイレ行くな」と怒るときがありました。しかし、保育士は「すぐ戻ってくるからね」と冷静に言いながら、彼の怒りに左右されずにトイレに行くようにしました。最初はその後激しく怒ったとも君でしたが、それにもできるだけ冷静に対応すると、ある時期からそういった言動はなくなったのです。

周囲の人は彼のこういった姿を知ることで、「お母さんがもう少しがんばれば…」と思い、家族を励ますようになりました。でもそれは、家族とともに君をさらに追い詰めることになったのでした。

巻き込まれるつらさ（感情）に共感する

ある時期、保育士が、とも君の「○○しろ」という怒りに冷静に対応できない日が続きました。そのころ保育所は、ある保護者とのトラブルが激しくなっていました。その対応をめぐって職員同士もとげとげしい雰囲気になり、保育士も精神的にストレスを強く抱えていきました。そんなときは、とも君の怒りに冷静に対応できず、「なんでそんなこと言うの！」と怒りが抑えられないことがあったのです。するとその数日間で彼は、お母さんに対するのと同じ問題行動を、保育所でも頻繁に起こすようになってしまいました。

子どもだけではなく、大人もいろいろな生活を抱えています。いつも冷静でいられるわけではなく、落ち込んだり一喜一憂したり、気持ちが揺れ動くことが多いと思います。そして、ときには気持ちが揺れすぎて不安定になり、子どもに冷静に対応ができなくなります。ところが、敏感さをもつ自閉症児者の場合、その大人の不安定さに敏感に反応して問題行動を起こしてしまうことがあります。その問題行動が、大人の不安定さをさらに増幅させ、それが子どもの問題行動を再生産する。保育士の例が示すように、「『うまくいかない』ようにうまくいく」システムは、自閉症児者にかかわる誰もが、意図せずに生み出してしまうことがあるのです。

この保育士は、自分のつらさを否定せずにていねいに聴いてくれる相談員の存在を支えに、この時期を乗り越えられたと語られました。そしてこの体験以後、お母さんの気持ちが「ほんの少しですけどわかるようになりました」と言われました。

『『うまくいかない』ようにうまくいく」システムで大人が苦しいのは、今どうすべきか頭（理性）でわからない場合だけではありません。どうすべきかはわかるが、そうしなければと思えば思うほど、自分の感情がついていかない苦しさが大きいときもあるのではないでしょうか。「冷静に対応しなければ」と思うほど、子どもの行動に怒りを感じてしまう。また、そう感じて冷静になれない自分に、さらにイライラすることは誰にでもあります。

だからこそ、それをただ理性的に批判するのではなく、わかっていても抜け出せない当事者のつらさ（感情）を共感してくれる人の存在がとても大きな意味をもつのでしょう。ネガティブな自分も認められることが、相手ともう一度冷静に向き合う力になると思うのです。

第10章

感情を実感できる豊かな生活の保障

自閉症児者の独自のスタイル

自閉症児者が、他者の気持ちを理解しにくい場合が多いことはよく指摘されてきました。一方で、最近の心理学研究は、ただ「理解しにくい」のではなく、自閉症児者が障害をもたない人と異なる独自のスタイルで「理解しようとしている」姿を明らかにしています。

たとえば、以前から自閉症児は人の表情がうまく理解できないと言われ、それが相手の気持ちを読みまちがう原因の一つと考えられてきました。表情を判断する際に顔のどこを見るかを調べると、障害をもたない人は相手の「目」を見ることで判断するのに、自閉症児者は「口」とその周辺を見ていることがわかってきました。表情の変化は目に表れることが多く、通常は相手の目を見ることで表情を判断するのでしょう。だから、自閉症児者の表情理解の難しさは、相手の目を見ることが「できない」ために生じていると考えられてきたのです。

この点にかんして、精神科医の神尾陽子さんは興味深い指摘をしています。自閉症児者の場合、目から感情などをサッと理解することはたしかに苦手です。それならば、なぜ口を見るのか。そこには、自閉症児者が比較的得意である言語によって他者を理解しようとし、ことばを一生懸命聞こうとした結果が、口を見ることに表れているというのです（「自閉症スペクトラム障害における顔処理の発達」、『心理学評論』第五〇巻一号、二〇〇七、三一―三九ページ）。

自閉症児者の特徴を、健常児者を基準に「できない」とネガティブにだけ見ることは一面的です。そうではなく、自閉症児者は通常とは異なる「独自のスタイル」で他者を理解しようとしているのです。近年、表情理解以外にも多くの領域で、自閉症児者の「独自のスタイル」が存在することがわかってきました。

他者とかかわる気持ちの存在

この指摘がもつ大切な意味は、自閉症児者はまわりの世界と「かかわろうとしている」

ということです。顔の中でも「目」の領域を見て表情理解をすることは、障害をもたない人がまわりとかかわる通常のやり方です。それを基準にするからこそ、「目」を見ずに表情理解が難しい自閉症児者は、まわりの世界と「かかわろうとしていない」ととらえられがちなのです。

しかし、それが障害による独自のスタイルなのだとすれば、自閉症児者もまわりの世界とかかわる気持ちをたしかにもっていること、でもそれがうまくいかない葛藤を抱えて苦しんでいるととらえることも可能なのです。

これは日常的に自閉症児者にかかわっている方には、目新しいことではないかもしれません。しかし、このことが大切なのは、その理解によって支援の方向性が大きく変わると思うからです。

まわりとかかわろうとする気持ちがない（あるいは弱い）ととらえれば、自閉症児者の内面を考慮するよりも、まずは他者とのかかわり方などを「教える」支援が相対的に重視されるように感じます。特別支援教育でよく言われるソーシャルスキルトレーニングなどで、人とのかかわり方を伝え合うより、ある特定のやり方を「教える」ことに重きを置く場合も同じでしょう。

一方、まわりの世界とかかわろうとする気持ちがあるととらえれば、かかわる側はまず自閉症児者の気持ちを理解し共有することを大切にします。保育・教育・福祉は、相手と伝え合いわかり合うコミュニケーション労働をその本質としています（二宮厚美『発達保障と教育・福祉労働』全障研出版部、二〇〇五年）。だからこそ、かかわり方を伝えるためにも、まずは自閉症児者とのコミュニケーションの通路を広げる必要があるのです。ここでは、この後者の視点、人とのかかわり方を伝え合うことの意味を二つの事例から考えてみます。

物を借りたら「ありがとう」

高機能自閉症の小学校三年生の男の子で、人から物を勝手に借りて知らん顔をしている子がいました。お父さんが家でそれを注意し、人に物を借りたらすぐに「ありがとう」と言うことをくり返し教えたそうです。

彼にとってお父さんは恐い存在であったこともあり、それ以来「ありがとう」は言えるようになりました。しかし、しだいに彼は、自分以外の他者にも強要するようになります。同級生が隣の子に鉛筆を借り、友だち同士なのでとくに「ありがとう」と言わずにいる。するとそれを見て、借りた子に「なぜお前はありがとうって言わないんだ！」と怒り出すのです。

先生は彼の意見がまちがっていないことは認めつつ、「友だち同士ではそう言わなくてもいいこともあるんだよ」と言いました。一般的には正しいのですが、彼には曖昧で理解しにくい説明だったのかもしれません。彼は「ありがとう」と言うべき場面にこだわるようになります。そして自分が物を借りたら必死に大声で「ありがとう！」と言うのです。自分の正しい行いをみんなにアピールするかのようでしたが、まわりには怒っているようにしか見えず恐いということでした。

そこで先生が、「『ありがとう』って、もっとうれしそうに言うんじゃない？」と言い、おだやかな口調で「ありがとう」と言ってみせます。彼も口調は真似できるのですが、必死さがあるからか目は笑っていないのです。まわりの子が「ありがとうって感じじゃない」と言うと、彼は「どうすればいいんだー！」とさらに怒ってしまうということでした。

「ありがとう」と言いたくなる経験

どういう場面で、なぜ「ありがとう」と言うのかを、もっと彼にわかりやすく教えることも必要でしょう。しかし、私が感じた一つの疑問は、彼が生活の中で「ありがとう」と言いたくなる経験をどれだけもっているのかということでした。

自閉症児者は他者の気持ちが理解しにくいだけではなく、その合わせ鏡のように、自分の気持ちもうまくわからないことが多いと言われます。だからこそ「ありがとう」と言うべき場面を教えるだけではなく、「こういう気持ちのときにありがとうって言うんだな」と、本人がしみじみと感じられる経験を保障することが必要だと思うのです。その気持ちを実感できた際に、大人が「ありがとう」ということばを添わせることで、はじめてそのことばを気持ち（感情）と結び付けて体得できると感じるからです。

ぶっきらぼうに「ありがと！」

高機能自閉症のシン君が通う保育所での実践です。芋掘り大会を行い、そのあとにみんなでパンをもらって食べたときです。先生はシン君に「がんばって芋掘りをして、大好きなメロンパン食べようね」と励ましました。

ところが、その日はメロンパン以外にジャムパン、アンパンがあり、その中からみんなが好きなものを選ぶことになっていました。芋掘りをがんばった結果、シン君はパンを取りに行くのが遅くなりました。すると他の子にも人気があったメロンパンがなくなってしまっていたのです。

少しでも自分の思いとちがうと激しく怒るシン君は、このときも当然怒りました。先生はメロンパンを取った他の子に、「シン君も先生とお約束守って芋掘り本当にがんばったよ。だから誰かシン君のパンと取り替えっこしてくれないかなぁ」と言います。でもみんな自分が選んだパンなので、なかなか替えません。そのことでさらに怒るシン君を見て、先生は休みの子の分としてとっておいたメロンパンを渡しました。しかし、シン君は友だちが譲ってくれないことが許せないのか、怒り続けます。

先生は日頃から、トラブルをただ解決するのではなく、お互いの思いをいっしょに理解し合い共有することを大切にしてきました。ここでも、「シン君もがんばったしメロンパンもほしいけど、でもみんなも自分のパンがほしいんだよね」と、シン君とみんなにゆっくりと語りかけます。するとそれまでようすを見ていた隣のクラスのトモちゃんが、「シン君、あげる」と、自分のメロンパンを差し出してくれたのです。

シン君はエッという顔でトモちゃんを見て、その後ニタッとしました。彼が心からうれしいと感じていることがよく伝わる表情でした。先生が「シンちゃんうれしいねぇ。こういうときに『ありがとう』って言うんだねぇ」としみじみ言うと、彼は自分からトモちゃんの方を向き、ぶっきらぼうな言い方で「ありがと！」と言ったのです。抑揚の少ないいつも通りの言い方だったからこそ、自分からそう言ったことに彼の思いの深さを、先生は感じさせられたそうです。

感情を実感できる経験を保障する

教育基本法が改正され、道徳教育が重視される中で、特別支援教育だけではなく学校教育全体で、子どもに態度を養うことが強調されています。「まじめに物事に取り組む」「相手を思いやる心をもつ」。それ自体は大切なことです。しかし、私たちは本来、相手を大切に感じて愛する経験と生活を積み重ねてはじめて、自ら相手を思いやる心を育むことができます。そしてそれは、表現で吟味する(たとえば、生活綴り方)ことで、たしかなものになります。それらを無視して態度を養うことを直接の目標とすることは、態度を無批判的に教え込む「態度主義」につながりかねない危険性が指摘されてきました(『改定教育基本法どう読みどう向き合うか』かもがわブックレット、二〇〇七年)。

自閉症児者に社会的スキルを「教える」ことの過度な強調は、この態度主義と同じ問題をもつと感じるときがあります。社会的スキルを学ぶことで社会生活の失敗を回避し、成功体験を保障する意味は決して小さくはありません。「ありがとう」と言えることで、まわりの子から評価され、本人が自信をもつこともあります。青年期以後の自閉症者の場合、社会的スキルの獲得が急務であることもたしかにあるでしょう。

しかし、自閉症児者は「独自のスタイル」をもつことにより、他者と気持ちや感情がずれる経験ばかりをもちやすいのも事実です。そうだとすれば、障害をもたない人なら本来十分に体験できる、他者に何かしてもらったり、いっしょにいて「うれしい」と感じ、それを相手と共有する経験もつくりにくいのではないでしょうか。そういった状態で「ありがとう」を教えることは大人の意図にかかわらず、内実をともなわない態度主義に陥る危険性をはらんでいると思うのです。シン君の「ありがと！」には、彼のトモちゃんへの豊かな思いがありました。

単なるスキルにとどまらず、感情や思いに裏打ちされた言動を紡ぎ出すために、豊かな感情を実感できる生活の保障が求められると感じるのです。

第11章

楽しさをわかり合う

楽しい世界がわかりにくい

自閉症をもつ子どもとかかわる際に、彼・彼女らが楽しいと感じる世界を知り、それを認めることはとても大切です。私たちもそうですが、相手が自分の好きな世界をわかってくれると、その人とコミュニケーションをとりたいという思いが生まれやすいからです。他者とのコミュニケーションに困難をもちやすい自閉症児者の場合は、なおさら大切になると思います。

これを強調したいもう一つの理由があります。それは、自閉症をもつ子どもが感じる楽しい世界が、そのユニークな感覚のために、障害をもたない人には感情的に受け入れにくくいことが少なくないということです。通常の見方からは、何がおもしろいのかわからず、ただのこだわりにしか見えなかったり、あるいは「やめてほしい」と思うほど見るのもつらい世界を、その当事者は楽しんでいる場合があるのです。

障害をもたない人は、自閉症児者と同じ感覚や感性にはなれないかもしれません。しかし、相手への共感に基づく豊かな想像力によって、楽しい世界をわかり合うことはできます。それが自閉症児者のコミュニケーションの通路を広げる大きな役割をもっているからこそ、再度考える必要があることだと思うのです。

独特な感覚の楽しさ

こだわりととらえられてきた世界のいくつかは、自閉症児者の心を魅了する楽しい世界の場合があります。

たとえば、クルクル回るもの（換気扇や自転車のタイヤなど）が好きな子がいます。私は発達相談で、自閉症のお子さんとの出会いの際に、木の小さい円板（新版K式発達検査の「はめ板」課題で使うもの）を机の上で回して見せることがあります。はじめて相談に来るお子さんは、その場所や人がわからないこともあり、当然強い不安をもっています。だから検査道具を見たり、部屋をウロウロして探索します。それを規制せず、少しこちらをさぐる気配を見せるようになったら、黙って円板を回します。すると比較的多くの自閉症児が近づいてき、クルクル回る円板を見るのです。そしてそれをくり返すと、しだいにもっと回すよう私に要求したり、私が出す他の物に少し興味を示すようになることがあるのです。

先日出会った小一の子は、そのまま円板を自分でクルクル回しはじめました。隣にいたお母さんが、「この子は何でも回すんです。一〇円玉も両手で器用に回します」と言われました。彼は回る円板のすぐ横に自分の顔を置き、目を細め時々ニタニタしながら見ていました。部屋を走り回る自閉症児の中に、部屋にある机の端のラインを横目でとらえ、走りながらそれを見るのを楽しんでいる子がいます。これは周辺視の感覚を楽しんでいると言われますが、回るものを見るのも独特な視覚感覚の楽しさがあるのかもしれません。

こだわりには、あるものの匂いをかぐ（嗅覚）、特定のことば（言い回し）を使いたがる（聴覚）など、視覚以外の感覚との楽しさと関係するものもあります。また、こだわりの機能は多様で、やりたくないけれどもやらざるを得ないものも、ある感覚から自分を守るためにやっているものもあります。しかし、その中に感覚の楽しさに魅了され楽しいからやるものもあることを忘れてはならないと思うのです。

ちがう見え方、とらえ方の世界

高機能自閉症者のドナ・ウィリアムズさんは、外で水道の水が落ちて跳ねるのを見る楽しさを述べています（Jessica Kingsley『Autism and Sensing: The Unlost Instinct』、一九九八年）。ことば（概念）にすれば「水道の水が落ちて跳ねている」で済んでしまう状況です。それを自閉症児が何十分も見ているのは、障害をもたない人にとってはただ「こだわっている」としか思えないことが多いと思います。

しかし、ドナさんはちがう見え方を示します。彼女にはその状況で、一滴ごとの水滴が見えることがあるそうです。すると水滴は形も大きさも一つひとつちがうため、それが日光を反射してさまざまな方向に跳ねていくのは、どれだけ見ていても飽きないと言うのです。感覚がユニークで、物の見方、とらえ方が異なるからこそ、自閉症児者は、私たちがとらえきれないおもしろさを見つけ出していることを教えてくれるエピソードの一つです。

以前、園庭で水道の水に手を出して、その水が跳ねるのをずっと見ている自閉症児がいました。学生だった私は止めさせようとし、逆に彼を怒らせてばかりでした。万策尽き果てたとき、そういえば彼は何がおもしろいんだろうと思い、同じ目線で見たことがあります。すると、跳ぶ水しぶきの中に虹のようなものが見えたり、光が反射して光るのが見えました。「あぁ、きれいだな」と思ったとき、いつもなら私を遠ざけようとしていた彼が、その日は私がかなり近くにいても怒らないことに気づいたのです。彼なりに、自分のスペースに私が入ることを許してくれたのかなと思うと、うれしかったことを覚えています。好きな世界をわかり、それを通して相手と通じ合えることは、自閉症児者だけではなく彼・彼女らにかかわる側にとっても大きな喜びであることを教えられた出来事でした。

ファンタジーの世界

高機能自閉症の人の好きな世界の一つにファンタジー（空想）への没頭があります。内容はアニメ、電車、ドラマ、ミニカーなどさまざまです。

ある高校に通う女子は、アニメのポケットモンスター（通称、ポケモン）が大好きでした。小学生のころから突然授業中にキャラクターになってしゃべり出したりすることもあったようです。登校時間は思う存分ポケモンの世界に入り込める楽しい時間のようで、ぶつぶつ言いながら歩き、学校につくとすっきりした顔になっていました。

しかし、高校で電車通学になり、お母さんと春休みに練習でいっしょに電車に乗ったところ、電車の中でポケモンの世界に入り、興奮すると声が大きくなってまわりから振り向かれたそうです。それでお母さんがそのときのまわりのようすを彼女にわかるように話しました。その結果、彼女は電車の中ではポケモンの世界に入り込まない、その代わりに朝起きてから学校に行くまでにそれができる時間をつくることにしたのです。それから彼女は、朝七時の電車に乗るために五時半に起きて三〇分で準備をすませ、あとは一人でしゃべりながらポケモンの絵を三〇枚ほど描いて学校へ行くようになりました。すると電車ではポケモンの世界に入り込まなくてもすむようなのでした。

認めにくいファンタジー

大人も子どももファンタジーを好きな人はいます。しかし、高機能自閉症児の場合、それが一般的に考えられる年齢にそぐわないように感じられる対象であることも少なくありません。機関車トーマスを好きな幼児は多いですが、男子高校生でそれが大好きとなると、同年代には受け入れられにくい場合もあります。また、趣味としては認められるものでも、その内容によっては認めがたいと感じるときもあります（たとえば、殺人小説を書く）。しかし、認めにくい内容だからといってただ止めることは、それが楽しい世界であるからこそ、本人のやりたい気持ちを逆に強めることになる場合があります。そして、やってはいけないと言われ続けるからこそ、いつもやりたくなり、しだいにファンタジーと現実の境目があいまいになってしまうことがあるのです。始終頭の中にファンタジーの世界が勝手に入り込んでしまうのかもしれません。

私が出会った殺人小説を書いた子は、それを周囲が止めようとするとかえって固執し、普段から小説の世界に入り込んでしまうことが出てきました。紆余《うよ》曲折はありましたが、それを長期休みに書くことを学校の先生も親も認め、その大作（原稿用紙二〇〇枚以上）をみんなで評価するようにしました。すると、彼はそれ以後長期休み以外はしだいに小説にふれることは減っていきました。そんなあるとき、お母さんが「私はこういう小説より、昆虫図鑑（昆虫も彼の大好きなもの）の方が好きだな」と言うと、次の休みのときには殺人小説ではなく昆虫図鑑を自分で書いたのです。

気持ちを落ち着かせるために使える

なぜ彼がそういう小説を書こうとしたのか、実際の対人関係も含めたトータルな吟味を行い、彼の思いをていねいにさぐることは必要です。一方、彼・彼女の好きな世界を内容で選別するのではなく、まずは認めることの重要性をこの事例は教えてくれました。ファンタジーの世界は本人にとっての楽しい世界です。ですからそれをなくすのではなく、やってよい時空間を保障し、その楽しさをまわりが認めると、多くはファンタジーの世界を自分でコントロールして切り替えるようになります。つまり、ファンタジーの世界と現実の世界を区別してとらえる力が育つということです。

さらに言うなら、ファンタジーの世界をコントロールして使える人は、思春期以後、それを自分の気持ちを落ち着かせる手段として使うことができるようになります。学校でしんどいとき、休み時間にファンタジーの世界に入って気持ちを少し落ち着かせて次の授業に向かう子もいます。好きな世界を共有してくれる他者がいればそれはなおさらです。先にふれたポケモンが好きな高校生は、アニメ好きな先生とポケモンについて毎週三〇分話せるようになって、さらに行動が落ち着いていきました。

受け入れることと受け止めること

白石正久さん（龍谷大学）は、障害をもつ人の思いを「受け止める」ことと「受け入れる」ことのちがいを指摘しています（『自閉症児の理解と授業づくり』、全障研出版部、二〇〇六年）。「受け止める」ことは、相手の思いを全部認めてその通りにする「受け入れる」こととはちがい、思い通りにはさせられない場合があることを見すえたうえで、相手の思いを十分に共感して認めることです。好きな世界も、まわりの人が「受け止める」ことが大切になるのでしょう。

一方、障害児者にも自助自立を求め、強い自己を早くつくりあげようとする最近の流れは、自閉症児者の問題行動に対しても、その意味や思いをさぐり「受け止める」ことより、早くなくすことを強調する印象を受けます。それが、わかりにくく認めにくい内容をもつ彼・彼女らの好きな世界を、問題とみなす傾向を増幅させていないでしょうか。

コミュニケーションの通路を、かかわる側自身が閉ざしていないかどうかを、あらためて見つめ直す必要があると思うのです。

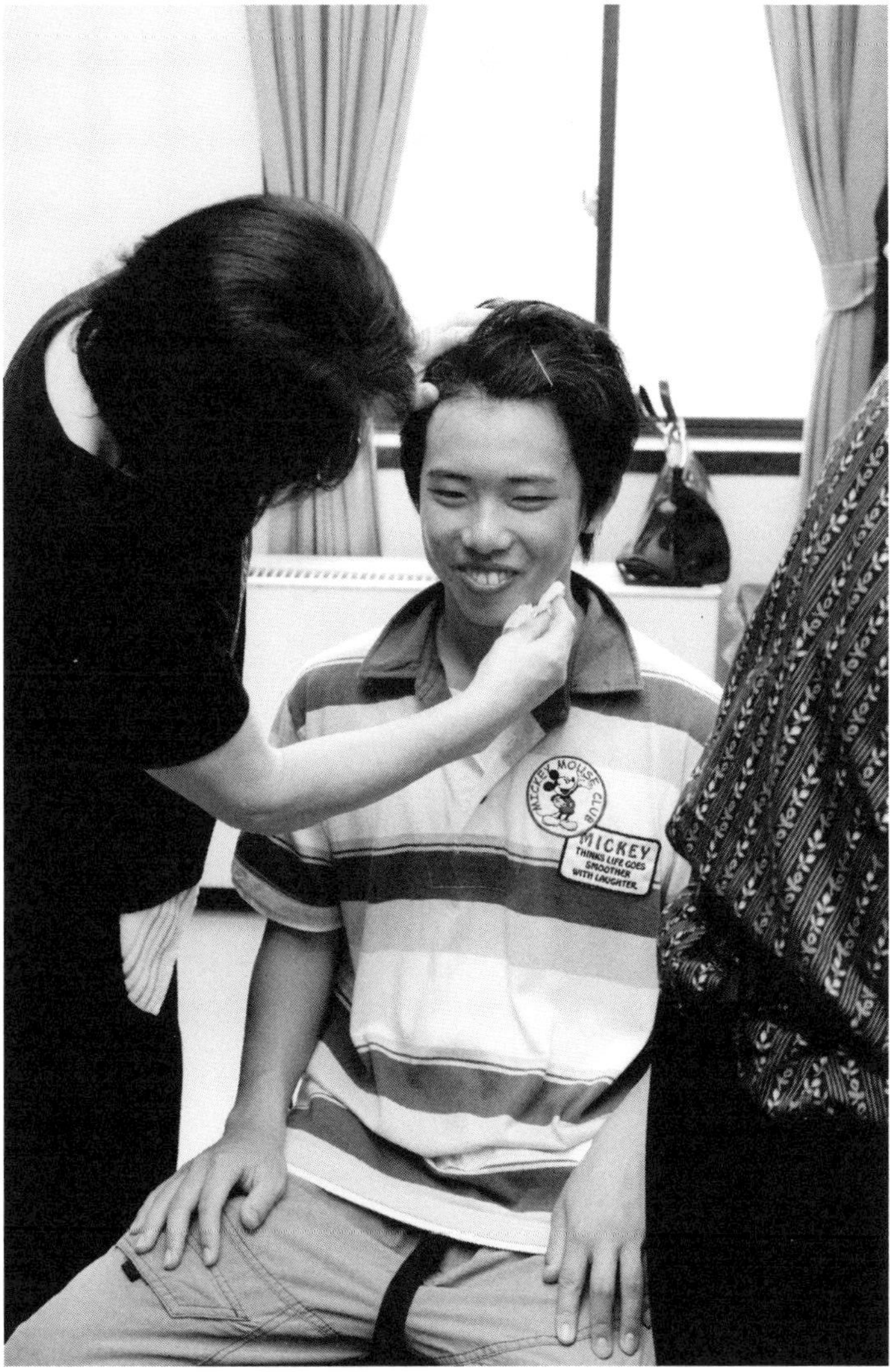
MICKEY MOUSE CLUB
MICKEY
THINKS LIFE GOES
SMOOTHER
WITH LAUGHTER.

第12章

他者に助けを求められる自己肯定感

就労に直結するスキルが働く力？

二〇〇八年五月に発効した障害者権利条約にも示されているように、価値を生み出す社会的役割や労働を行うことは、障害をもつ人がもつ権利です。近年、特別支援教育の中でも就労する力が大きく取り上げられています。しかし、そこで重視されているのは、就労に直結するスキルです。

たとえば、東京都のある障害児学校高等部のカリキュラムでは、目指す力として、教科教育の国語では相手に応じて敬語を使い分け、伝票を正しく読み取る力、総合的な学習の時間では職場でのあいさつ・会話などの対人関係能力が挙げられています（丸山啓史「知的障害のある青年の高等部教育と就労」『障害者問題研究』第三六巻三号、二〇〇八年)。知的障害をもつ人に長時間休まず作業を続けられる力が必要だというのも、就労に直結するという意味で同じでしょう。丸山啓史さん(京都教育大学)はこれに対して、就労の重要性は認めつつ、教育が就労に従属してしまうことの問題を指摘しています。

職種で必要とされるスキルの習得に一定の支援と時間が必要なのはたしかです。一方で、障害をもつ人が就労を継続していくためには、さらに大切な力があると私は考えています。その一つは、つらいとか困ったという自分の気持ちを相手に伝えられる力、すなわち助けを求められる力だと思うのです。

就労したけい君

障害児学校高等部を卒業した自閉症のけい君が、ある工場に一般就労しました。しかし、半年ほどすぎたある時期から毎朝パニックになって、職場へ行かなくなってしまいました。数ヵ月後、彼の独特な表現を家族が聴き取ってわかったのは、次のようなことでした。

彼は仕事をこなすスキルは十分もっていました。ですが、それをやるのに他の人より少し時間がかかるのです。すると昼食の時間が他の人より一五分くらい遅れ、みんなといっしょに弁当を食べられない。彼はそれがとてもつらかった。周囲の人は、表情をあまり変えず、淡々と仕事をする彼の姿から、そのつらさに気づけなかった。彼はその中でつらさを一人で抱え続け、ある日コップから水が溢《あふ》れ出るように、それに耐え切れなくなったのではないか。お母さんはそう語られたのでした。

「困った」と助けを求められない

この話は、彼が就労を継続するうえで必要だった力が、働くスキルだけではなく、「困った」と助けを求められる力だったのではないかということを、私たちに考えさせたのでした。学校をはじめ周囲の人は、仕事のスキルとそれをやりきることをていねいに教えました。しかし、しっかりとやりきることの強調が、彼には「困った」と助けを求めてはいけないという、もう一つのメッセージを伝えることになっていたのかもしれません。

一方、この「困った」と助けを求める行動は、障害児者に限らず、誰にとっても簡単なことではありません。困ったときに私たちも不満そうな顔をしたり、八つ当たりをしたりします。でも、誰かに「助けてください」と冷静に言うのはなかなか難しい。その一つの要因は、助けを求めることが「そんなこともできない」自分の無能力さを示すことになり、それを否定される不安を生み出しやすいことにあると思います。他者にとってのあたりまえの世界がわかりにくく、否定される経験を積み重ねやすい自閉症児の場合、この不安はさらに強いことが予想されます。また、指示や状況がわかりにくい自閉症児者にとっては、指示を出されるとその意味がわからないからこそ、とにかく「はい」と言ってしまう場合もあります。

「困った」と助けを求める力は、スキルとしてのみ教えられるものではなく、いくつかの力をより合わせた人格的な力量を必要とするのです。

助けを求めることを認められる関係

このような力であるからこそ、「困った」と言える力を意識的に育む支援が必要になります。その一つは、助けを求めることを認められる人間関係の保障です。自閉症児者には、「助けて」と「表現」できずに、パニックで怒りや不安を「表出」する人もいます。それをパニックととらえるのではなく、その背景にある「助けて」という思いをつかむことが大切になります。

けい君の場合、パニックの背景にいっしょに弁当を食べられないつらさがあることに家族が思いいたりました。家族は「弁当いっしょに食べられなくてしんどかったね」と共感的に語りかけ続けました。彼は仕事に行かなかった自分を、どこかですごく責めていたのでしょう。家族にそう言ってもらうことで自分の行動を受け止め、つらかった自分の思いに少し気づけたようで、表情が穏やかになっていきました。

プロセスゴール

助けを求めることを認める人間関係を保障する際には、解決することのみを目標にしないことも大切になります。助けを求められれば当然それを解決しようとしますが、すぐに解決できない訴えも多々あります。解決を目標として追求することが、相談する側とされる側の双方を精神的に追い詰めてしまうときがあるのです。

生活指導の研究者である湯浅恭正さん（大阪市立大学）は、障害児の家族と教師がつながるために必要な視点として、結果（問題の解決）を目標にしないことの重要性を指摘しました。結果ではなく、話し合いの場をつくり継続すること（プロセス）自身を目標（ゴール）とする「プロセスゴール」が大切だとするのです（『困っている子と集団づくり』クリエイツかもがわ、二〇〇八年）。これは、助けを求める自閉症児者を受け止める側にもあてはまると思います。問題の解決を焦ることは、解決できない自分を責め、その結果、解決にいたらない自閉症児者自身を意図せずとも責めてしまう関係をつくりがちです。解決のために手はつくすが、まず相談を受ける場をもてること自体を大切にする姿勢が必要になるのです。

「相談してよかった」経験をつくる

もう一つ、助けを求めた自閉症児者自身が相談してよかったと思える経験をつくることも重要になります。パニックになるとカーテンを閉め、部屋を真っ暗にする子に対して、先生は視覚過敏によるつらさを感じました。そこで、次のパニックの際に電気を消し、いっしょにカーテンを閉めて「しんどかったね」と言いました。すると、いつもなら自分の頭を叩く彼が、その日はスッと先生に抱きつきました。自分のしんどさをわかってくれた安心感が、彼のそういった行動を引き起こしたのではないかと先生は考えたのでした。

高機能自閉症児者の場合も同じです。競馬の勝敗を覚えることは好きだが、同級生が好きなテレビ番組のおもしろさがわからず、友だちができないと訴えた中学生が、「君の方が（精神的に）大人なんだな」と先生に言われ、問題そのものは解決しないが、気持ちが少し落ち着いた場合もあります。困った場面の対応をいっしょに考えてもらい、少しうまくいくやり方を見つけた子もいます。

相談してよかったと思える経験は、他者とつながることもまんざらではないという感覚を生み出します。そしてそれは、他者とつながれる自分もすてたものではないという自己肯定感につながると思うのです。助けを求めることはスキルではなく、そうしてもだいじょうぶと思える、自己肯定感のうえではじめて成立するものなのです。

支援する側を支える

その大切さはわかっていても、自閉症児者のさまざまな訴えを受け止め続けるのには、たいへんな労力が必要です。ときに心が折れそうになるギリギリのところで踏ん張っている家族や支援者のしんどさを受け止めるものをつくり上げることが急務になっています。

こだわりとパニックが強い自閉症のシン君。小中学校時代は少しでも自分の思いとずれると激しく暴れ、お母さんが傷だらけになっていました。そんな彼が障害児学校高等部に入って少し落ち着いたとき、お祖母さんが突然亡くなりました。お母さんはお祖母さんを心の支えにしていただけに、ショックでしばらく起き上がれませんでした。シン君もお祖母さんの家で毎週泊まるほど好きだったのに、亡くなったあと、行動や表情は変わりませんでした。お母さんはあれだけ大事にしてもらったお祖母さんが亡くなったことを、彼がわかっていないと感じると余計に悲しく、家事が何も手につかなかったそうです。

しかし、いつもなら外へ出かけるシン君がある日、夕方になっても起き上がれないお母さんのそばにきて、「お母さん、空を見てごらん」と言います。お母さんが答えないでいると、「お母さん、夕陽がとてもきれいです」と言いました。普段「スーパー行く」といった要求かオウム返しをくり返すことの多かった彼がそう言ったのです。お母さんは「何かのセリフを思い出して言ったのかもしれません」と言いつつ、「でも、私を心配して言ってくれたのかな、と思ったらとてもうれしくて…」と話し、涙が抑えられないようでした。

つながる力を育てる

シン君のお母さんには、私との相談のたびに年休を取って送迎してくれるお父さんの存在がありました。小学校時代には、今でも相談をもちかけることができる先生に出会えました。そして、今回の出来事でお母さんが最後に立ち上がれたのは、シン君のことを受け入れていないと思っていたシン君のお兄ちゃんが、「もっと福祉制度を利用しよう。家族だけで抱えたらだめだよ」とアドバイスしてくれたことだったそうです。

シン君の家族が教えてくれるのは、さまざまな困難がありつつも、自閉症児者と家族や他者、家族と先生や地域がどこかでつながっていること自体が、少しずつそれをやりすごせたり乗り越える力になるということです。

一方、貧困をつくり出し、自助自立を強いる現在の流れは、各自が自分のことで手一杯の状況を生み出し、多くの人に異質なものを排除し、他者とのつながりを断ち切らせようとしています。そういう流れがあるからこそ、地に足のついた人間的なつながりを築くことが強く求められていると感じます。私たちは他者とつながり他者を信頼することではじめて、自分ともつながり自分を信頼できるようになると思うからです。さまざまな人が他者に安心して頼れる社会をつくること。今、目の前にいる人とつながることを通して、もう一度考えていきたいと思っています。

第13章

社会性を問い直す

社会性の支援の強調

自閉症の人たちがその中心に社会性の障害をもつことは、近年のさまざまな研究で明らかになってきました。社会性とは他者や社会とかかわる力の総称で、具体的には人とやりとりしたり相手の気持ちを読むといった対人関係能力や、そこで自分の怒りを抑えたりする感情調整能力などを指します。この認識に立って社会性の障害を改善するために、ソーシャルスキルトレーニングなど各種の訓練がさかんに行われています。学校教育でも学習指導要領の自立活動の柱に「人間関係の形成」が入り、社会性の指導が強調されています。

私たちは誰でも、自分一人だけですべての生活をするわけにはいきません。どんな形であれ、自分以外の他者によって構成される社会とかかわって生きています。その意味で、その社会とかかわる力（社会性）があれば、生きるうえで助かることや有利なことが多いのは事実です。

何のために社会性を使うのか？

しかし、社会性とはそもそも何なのでしょうか。とくに自閉症児者にとって必要な社会性とは何かが十分に問われないまま、その指導が先行している印象を強く受けます。私は、自閉症児者の社会性を考える場合、二つの視点が大切だと思っています。

一つは、何のために社会性を身につけるのかということです。社会性はただ身につければいいのではなく、その人の周囲にどのような人間関係（社会的関係）があるかによって、その意味を大きく変化させます。

たとえば、学級の中に「いじめ―いじめられる」関係が横行している場合、子どもはいじめを解決するために社会性を活用するとは限りません。それよりも現実的には、クラスの中の強い子の機嫌を損ねないように、そして周囲から自分が浮かないようにするために使うことが多いのではないでしょうか。いじめられないように自分を守るために社会性が使われるのです。逆に、仲間を思いやり助け合う人間関係がつくられている（あるいは、つくろうとしている）社会（学級）がまわりにあれば、子どもは弱い立場にある人に心を寄せる方向で、社会性を使うことができるでしょう。

ただ単に高度な社会性をたくさん身につけることがいいのではなく、集団や社会のあり方によって、個人の社会性の意味は変化するのです。一方、現在の社会性の強調は、集団や社会のあり方を不問に付したまま、そこにいる個人に責任（社会性の問題という）を負わせる流れになっていないでしょうか。私たちが変えていくべきなのは、個人の社会性ではなく、その個人を取り巻く集団や社会のあり方そのものである場合があるのです。

その意味では、自閉症児の社会性の障害を問うだけではなく、その子が属する学級、地域、社会をどのようにつくりあげていくかが、大人に課せられた大きな課題になっているのです。

社会性とは何か？

もう一つは、通常私たちが社会性ととらえているものは、普遍的で絶対的なものなのかどうかを問い直す視点です。通常言われる社会性は、障害をもたない人の集団における社会性を暗黙の前提にしています。つまりそれは、障害をもたない人の社会（集団）において「あたりまえ」に行われている、人とやりとりする際のルールや他者理解、人とのかかわり方を指します。私たちは一人で生きていけないからこそ、そこでの社会性は生きていくうえで「あたりまえ」のものになります。そして「あたりまえ」だからこそ、それを普遍的で絶対的なものと勝手にとらえ、それをそのまま自閉症児者に要求することが少なくないと思うのです。

くわえてこの背景には、障害をもたない人には「あたりまえ」の社会性を、自閉症児者がもっていないととらえる考え方があります。だからそれを「教える」ことが大切になると考えるのでしょう。

しかし、自閉症児者は、社会性をもっていないのでしょうか？　近年の高機能自閉症児者の自伝は、彼・彼女らが決して社会（他者）を理解していないのではなく、彼・彼女らなりのやり方で理解していることを強く示しています。

他者は自分と同じことを感じている

翻訳家として活躍しているニキ・リンコさんは、大人になってから高機能自閉症と診断された方です。彼女は小学生のころまで、自分が感じたり考えているることは、自分のまわりにいるみんなも当然感じたり考えていると思っていたと語っています（ニキ・リンコ、藤家寛子『自閉っ子、こういう風にできてます！』花風社、二〇〇四年）。言い換えれば、他者が自分とは異なる感じ方や考え方をするとは思っていなかったということです。

高機能自閉症児がしばしば、自分の感じ方や考え方がみんなとは異なり、ユニークであることに気づかないのは、そのためかもしれません。だから、相手が無関心であっても自分の好きな話題をしゃべり続けたり、自分が悪気なく思ったことをストレートに相手に言ってしまう（たとえば、太っている人に「肥満体形ですね」と言う）のでしょう。

こういった特徴は、自閉症児者が他者の心を理解できないから起こるものだと考えられてきました。しかし、ニキさんのことばからすれば、このとらえ方は一面的と言えます。自閉症児者は相手の視点に立って心を理解することは苦手です。ですが、そういう他者を無視しているのでも理解しようとしていないのでもないのです。そうではなく、他者は自分と同じことを感じて考えているという、独自のスタイルで他者を理解しているとも言えるのです。

自閉症児者同士での社会性

それは、高機能自閉症児者同士のかかわりにも見てとることができます。たとえば、高機能自閉症児者の中には、会話をはじめるタイミングがうまくわからない人がいます。今話しはじめていいのかまわりのようすをうかがうことなく、自分がしゃべりたいときに（まわりから見ると突然）しゃべりはじめたりするということです。

障害をもたない人の社会でこのようなことをすると、周囲の人から怪訝な顔で見られたりトラブルの原因になったりします。しかし、高機能自閉症児同士の関係では、とくに問題にはならないことがあるのも事実です。なぜならそこでは、しゃべりはじめるタイミングやそこで相手が真剣に黙って聞いているかどうかは、お互いにそれほど重要ではないからです。そこにいた高機能自閉症児にとってのスタイルをお互いに認めていると言えるかもしれません。

このことは高機能自閉症児者が、彼・彼女らの間で認め合える独自のユニークな社会性をもっていることを示しています。社会性が「欠落している」のではなく、障害をもたない人とは異なる「ユニークな（独自の）」社会性をもちやすいのです。そうであれば、その際の社会性の指導は、障害をもっていない人が「あたりまえ」と思っている社会性を前提に「押しつける」のではなく、自閉症児者がもっている社会性をまずは尊重し認めることからはじめるべきではないか、と思うのです。

自分らしさを受け止める

緻密な実験をもとに自閉症児者の心理を研究している東條吉邦さん（茨城大学）は、「そういうことをやるとおかしいからこっちの方がいいよ」という形で行うソーシャルスキルトレーニングは、自閉症児者が一番嫌がっていることだと指摘しています（『みんなのねがい』二〇〇九年六月号）。ここでの議論に引きつけてその理由を考えれば、それによって自閉症児者が自分の社会性を否定され、障害をもたない人の社会性を押しつけられたと感じるためと言えます。

指導を行う側の意図がどうであれ、それが結果として自閉症児者に「あなたの感じ方、考え方はおかしい」というメッセージを伝えてしまう場合があります。それは自閉症児者の社会とかかわりたいという意欲をそぎ、そうしかできない自分を否定的にとらえさせることにつながってしまいます。社会性の支援はそのスキルの習得だけではなく、自分らしさを受け止め、社会へかかわりたいという意欲を育てることと切り結んでこそ意味をもつと思うのです。

異質さを認め共同する社会をつくる

それでは、自閉症児者が自分らしさを受け止め、社会へかかわりたいという意欲を育むことは、どのようにしたら可能なのでしょうか。私はその一つが、障害をもたない人と自閉症児者が、お互いに異質さを認め共同する社会をつくることにあると思っています。

障害をもたない人が自閉症児者の社会性を尊重して認めることは、自閉症児者と障害をもたない人が互いの異質さを認め合う第一歩です。しばしば、自閉症児者の社会性は、障害をもたない人にとって異質であるがゆえに、障害をもたない人の社会性に合わせるように（同化するように）強制されます。これは、合わせる（同化する）ことができないときには、自閉症児者が障害をもたない人の集団から排除されることを含んでいるからこそ、当事者には強制と映りやすいのでしょう。

逆に言えば、自閉症児者の社会性が認められることはそれによる安心感を生み、自閉症児者自身が障害をもたない人の「異質」な社会性を知ろうとする気持ちを育む土台となります。押しつけではなく知ろうとすることで、自分とはちがう社会性に、ときには合わせようとしたり、あるいは自分独自の社会性をパニックという形ではなく、ことばなどで相手に伝えようとすることを可能にするのでしょう。これは異質さを認め合うことにより、自閉症児者と障害をもたない人が互いに共同する関係、社会をつくっていく取り組みと言えます。

湯浅恭正さんは、前掲の本で、社会の一形態である学級集団づくりにおいて、障害をもたない人のやり方に障害をもつ人が同化することを一方的に求められ、そうできなければ排除される「同化・排除」の集団ではなく、異質さを認め合いながら共同する「異質・共同」の集団をつくることの重要性を指摘しています。

第三章でふれた高機能自閉症のある大地君への実践は、それが通常の学級集団づくりでも可能であることを示しています。集団や社会をつくるという視点を入れることで、自閉症児者だけに責任を押しつけるのではない、障害をもたない人もいっしょに共同する方向を模索することが、今求められていると思うのです。

第14章

要求を育てる生活をつくる

第13章で、自閉症児者と障害をもたない人が、お互いの異質な社会性を認め、共同する社会をつくることの重要性についてふれました。しかし、この異質さを認め合うのは、人とのかかわり方などの狭い意味での社会性だけではなく、広い意味での社会性、つまり生活のルールや生活のあり方そのものでも必要な視点となります。

ソーシャルストーリー

社会的ルールを視覚優位と言われる自閉症児者に理解しやすい文章や絵で示して伝える、ソーシャルストーリーという手法があります。実践現場ではこれを、自閉症児者が示す対人関係の問題行動を修正するためによく用います。たとえば、ものをもらっても知らんぷりをするのではなく「ありがとう」と言うとか、授業中に突然しゃべり出さず、挙手をしてあてでもらってからしゃべることを「教える」ために使うということです。

しかし、海外でこれについて研究してきた三宅篤子さん（帝京平成大学）は、こうした使い方は本来の目的とは異なることを指摘しています。この手法の目的は、自閉症児者の行動を障害をもたない人の生活に合わせるように修正することではないのです。そうではなく、自閉症児者の一見ユニークな社会や生活のとらえ方、ルールを、ことばや絵にすることで周囲の人が代弁して認めるところにあるというのです（第一九回日本発達心理学会・自主シンポジウム「自閉症児支援における発達論的アプローチの展望」）。

実際、これを開発したグレイ（Gray,C）の本（『ソーシャル・ストーリー・ブック—書き方と文例』クリエイツかもがわ、二〇〇五年）などでは、たとえば、外へ出るときに靴をはくといったような、生活のルールにかんするものに多くのページが割かれています。そしてそこでは、靴をはくという障害をもたない人にとっては「あたりまえ」のルールを押しつけることはしません。裸足で外へ出て行く自閉症児者がいれば、その人がなぜそうするのか、その人の立場に立って気持ちや理由を理解して代弁することを大切にします。そのうえで、なぜ障害をもたない人は外へ行くときに靴をはくのか、その理由と意味を自閉症児者に理解できるように伝えるのです。

これは、自閉症児者の生活を貫く考え方や感じ方を認め、共感する姿勢を最優先にする考えを示しています。同時にこれは、障害をもたない人にとって「あたりまえ」の生活の意味をあらためて問い直すことを、私たちに求めていると考えられるのです。

「あたりまえ」の生活を問い直す

自閉症児者の問題とみられる行動の多くは、家庭生活や学校生活、地域生活で障害をもたない人にとって「あたりまえ」の生活を乱すものです。たとえば、「薬をがんとして飲まない」、「掃除をいつもさぼる」、「全校集会や体育祭の練習に参加しない」、「スーパーでの買い物でビニールの包装を突いて穴を空けてしまう」など、例を挙げればきりがないでしょう。

それは決してそのままにしておいていいものではなく、一つひとつていねいに理由をさぐって対応する必要があるものです。一方、障害をもたない人がそのような問題行動をしないのは、「あたりまえ」で「自然」なことだとされます。しかし、それはなぜ「あたりまえ」で「自然」なのでしょうか。

哲学者の中島義道さんは、「あたりまえ」や「自然」ということばで表現されるものほど、差別性を含んでいることを指摘しています（『差別感情の哲学』講談社、二〇〇九年）。「女性が家を守るのはあたりまえ」という表現の差別性を考えれば、この意味するところは伝わりやすいでしょう。「あたりまえ」「自然」ということばは、なぜそうするのかと考える思考をストップさせ、それを絶対無二の前提にしてしまう問題をもっているのです。

自閉症児者の問題行動に対しても、障害をもたない人には「あたりまえ」のことができていないから問題なのだ、ということで思考をストップさせていないでしょうか。真摯《しんし》に検討しないといけない視点だと思うのです。

「デザートはみんなちゃんと食べよう」

ある小学校五年生のクラスでは二学期、「元気な身体をつくろう」の取り組みとして、「給食のデザートはみんなちゃんと食べよう」という目標をつくりました。

ところがそのクラスに、のちに高機能自閉症と診断されたヒデ君がいました。彼はどちらかといえばおとなしい目立たない子でした。その彼がデザートのプリンやヨーグルトを食べないのです。最初は「食べようよ」と励ましていた班の子も、彼のために自分の班だけ目標が達成できないとなると、「なぜ食べないの！」と彼を責めるようになりました。そのころ彼は登校しぶりもしはじめ、困ったお母さんが病院へ相談に行き、診察につながったのでした。

担任の先生は、決して子どもに無理強いをする先生ではありません。クラスの子どもが食事に好き嫌いがかなりあることを知っていました。だからこそ、他のクラスでは「給食を全部食べる」などを目標とする中、通常は誰でも好きなデザートだけは食べきろうという目標にしたのです。

しかし、高機能自閉症のあるヒデ君は、以前からヌルヌルしたものやおでんの具のような練り物は大嫌いでした。口の中の触覚過敏があったのでしょう。そんな彼にとって、他のみんなが大好きなプリンも、吐き気をもよおすほど嫌な食べ物だったのです。お母さんからそれを聞いた先生はヒデ君に謝り、みんなの前で彼のつらさを語ります。そしてどういう目標にしたらいいのかをみんなに問いかけ、話し合いをもちます。その結果、紆余《うよ》曲折はありましたが、「各自が自分で選んだ食材を一品食べきる」ことを学級目標にしていったのです。ヒデ君の登校しぶりは、その中でしだいになくなっていきました。

学級のルール・目標を問い直す

「給食は全部食べる」、「体育祭は全員で参加してクラスが勝てるようにがんばる」、「休み時間はみんなで外へ出て元気に遊ぶ」、学校でよく見かける目標です。

一見あたりまえのことと感じられるかもしれません。しかし、なぜそうしなければいけないのか、と問われると、それは「普通はそれがあたりまえ」としか言えないときはないでしょうか。

実はここで挙げた三つの目標は、いずれも自閉症児者にとってはとてもつらかったりしんどい目標でもあるのです。体育祭の練習で学校が騒音で充満する時期は、聴覚過敏のある自閉症児者にとってはそれだけで苦痛でしょうし、またいつもとはちがう規律がやたらと求められる練習の時空間は、見通しがもちにくく激しい不安を引き起こすことがあります。休み時間こそ、自分の好きなファンタジーに没頭したかったり、好きな図鑑や絵を見てすごしたいと思う自閉症児者にとって、「外で」「元気に」遊ばせられるのは、ホッとできる時間を奪う拷問のように感じられるかもしれません。

この「みんなといっしょに」を強制されるつらさは、自閉症児者だけではなく、障害をもたない子にもあてはまります。中島義道さんは、日本の通常学級におけるいじめの背景に、「みんなといっしょに」行動することを「あたりまえ」として強制する問題を指摘しています（『人生に生きる価値はない』新潮社、二〇〇九年）。休み時間に一人でいることを「みんなと打ち解けない」と責められ、最終的に学級会で問題にされることなどは、その一例でしょう。「あたりまえ」の生活の意味を問い直すことは、自閉症児者にとってだけではなく、障害をもたない子どもにとっても、生きやすい空間をつくるうえで大切なことなのです。

なぜその生活が大切なのか

私は、障害をもたない人が自閉症児者の生活に対して何も要求しない方がいい、と言いたいのではありません。それでは、障害をもたない人と自閉症児者の異質な生活を、そのまま無視して放任することにしかつながらないからです。

そうではなく、異質さを認めたうえで、共同できる社会をつくっていく模索が必要となります。その一つの方向性は、ヒデ君の実践に示されています。それは、お互いにあたりまえの生活を押し付けたり、放任するのではなく、生活の意味をいっしょに問い直すということです。

ヒデ君のクラスの話し合いでは、なぜ給食を全部食べることがいいのかという議論から、なぜ私たちは食事をするのかという問いになり、それは生きるために栄養をとるためだけなのかという疑問につながっていきました。そして食事の一つの意味が「おいしいものに出会ううれしさ」、つまり「食文化を味わう」喜びにあるのではないか、という意見になっていったのです。その中で「給食」の目標が、先ほど述べたように変わっていったのでした。

生活に含まれる要求をつかむ

異質さを認めて共同できる社会をつくることは、ただ「折り合いをつけ」て妥協点をさぐることではないと思います。その生活がお互いになぜ必要なのかを問い直すことで、お互いに共有できる生活の意味を見つけ出すプロセスなのではないでしょうか。給食という生活が、健康のために食事を全部食べきることに意味があるのではなく、食文化を味わうことにあると深くとらえ直す。このおいしいものに出会える喜びを追求することは、障害をもたない人だけではなく、自閉症児者であるヒデ君にとっても要求となりうる意味だったのだと思います。

生活の意味を深く問い直すことは、そこに暮らす人の生活の主体者としての要求を見つけ、つくり出すことでもあります。ヒデ君への実践は、そのことを教えてくれていると感じています。

主権者としての要求を育てる生活を

湯浅恭正さんは、高機能自閉症児者がその力を発達させることで、単純に集団に適応できるのではなく、逆に集団でのトラブルを生み出す場合があることを指摘しています。それは、高機能自閉症児者自身が発達の力をつけることが、彼・彼女自身の要求の力を育てることでもあると考えれば、ある意味当然のことでしょう。仲間や集団に意識が向き、いっしょにやってみたいという要求が育つからこそ、自分の思いが認められないことに、今まで以上に怒りや悲しみを感じることがあるからです。

障害をもたない人と同じように、自閉症児者も、社会の主体的な形成者であり主権者となる力をもっています。そうであれば、自閉症児者も自ら要求を出し、それを実現するために社会（集団）に働きかける力をもてるようにしていく必要があります。しかし、現在の自閉症児者に対する実践の多くは、障害をもたない人にとっての「あたりまえ」の生活に適応する能力を育てることに主眼を置いていると感じます。

それ自体が当事者にとって急務である場合があることは重々承知しています。ですが、障害者権利条約（以下の書籍が、その意味と内容をわかりやすく伝えています。玉村公二彦・中村尚子『障害者権利条約と教育』全障研出版部、二〇〇八年）が発効する現代だからこそ、適応にとどまらず、社会の主権者としての要求を育てる支援も必要となっていると思うのです。

その柱の一つが、その意味を問い直すことで、要求を見つけ、つくり出す生活の創出であると感じています。その延長線上に、知的障害者を中心にいくつか出されている実践（橋本佳博・玉村公二彦『障害をもつ人たちの憲法学習』かもがわ出版、一九九七年。小林幸雄「中学生とともに〝社会〟を学び、社会に生きる」『みんなのねがい』二〇〇八年一二月号）にみられる、主権者としての要求を育てることも存在するはずです。

そういった実践が自閉症児者にも行われることが、二一世紀の課題の一つなのではないでしょうか。生活の問い直しは、このような展望を含む大切な意味をもっていると思うのです。

LOVE YOU
MESSAG
to kee

おわりに

自分自身の生き方を問い返す

人格をもつ主体者として自閉症児者をとらえるかかわりは、自閉症児者に対してだけではなく、支援する人にも大切な意味をもたらします。それは、支援する人自身に、自分自身が人格をもつ主体者として生きているかどうかを問い返す契機をあたえてくれるということです。

私自身、自閉症児者やその家族を支援しているつもりが、実はそれを通して、自分の主体者としての生き方を照らし返されていることに気づくことがよくあります。たとえば、自閉症児者の思いを大切にできていないとき、ふと自分を振り返ると、自分で自分のつらい気持ちを無理に抑え込み、無視しようとしていることがあります。反対に、自分自身の思いを自分で見つめて大切にできるからこそ、自分とはちがう他者（たとえば、自閉症児者）の思いも大切にさぐりたいと感じることもあります。相手の生き方を大切にすることは、自分の生き方を大切にすることと表裏一体なのだと思うのです。

自閉症児者の独自な世界や感じ方を理解し共感することは、支援する側にいる人にとっても、一人ひとりちがう自分らしい感じ方や世界を認めることがあって、はじめて成立します。それは、自閉症児者と障害をもたない人の、「異質」さを認め「共同」する社会（集団）をつくることにつながるものなのでしょう。

社会性を評価して競争させる

しかし、今の社会の流れは、それぞれがお互いの考え方や生き方（異質）を大切にする方向（共同）とは逆行しているように感じます。特別支援教育における自閉症児者に対する社会性の強調もその一つです。これは社会性を自閉症児者にとって重要な能力とするだけではなく、それを評価基準とすることで、自閉症児者自身やその支援者（学校や教員）を競争させる手段となりつつあります。競争と結びついた評価は、全員が社会性を高めるのではなく、自分の相対的位置を上げるために相手をおとしめることを、暗黙のうちに助長することにもつながりかねないものです。

自由に競争して勝ちのこる中に優れたものが生まれるとする新自由主義的な考えが、教育・福祉にも持ち込まれています。それが、社会性という目に見えにくいものにまでおよぶことが、他者にみんなと同じように振る舞うよう（同化）求め、そうできなければその集団から「排除」する社会（集団）を形成する傾向を強めていると感じるのです。

同じ問題は、障害をもつ人に対してだけではなく、通常の教育でも強まっていることが指摘されています（佐貫浩『学力と新自由主義』大月書店、二〇〇九年）。通常の教育でも、対人関係をうまく取り結ぶ高度な人間関係能力（ここで言う社会性とほぼ同義）が強く求められ、それが個人の評価や地位配分の基準になっています。これは、現代日本の大人の社会でも同じです。しかもその能力が目に見えない不明確なものであるため、評価は恣意的になり、その中で人はなぜそれが必要なのかを考えることなく、とにかく周囲の評価に自分を合わせるように努力させられてしまうのです。しかも、恣意的な評価に合わせ続けることは、その渦中にいる子どもの異議申し立て能力はもちろん、自分で判断する能力そのものを弱めてしまいます。その結果子どもはたとえ低い評価を受けても、それは自己自身の問題である（自己責任）と、自ら思い込むようになってしまうのです。

一人ひとりが大切にされること

貧困問題に実践的に取り組んでいる湯浅誠さんは、人がさまざまなレベルで社会的に排除され続けることで、自分自身の存在価値や将来への希望を考えることすらできなくなることを述べ、それを「自分自身からの排除」と呼んでいます（『反貧困』岩波新書、二〇〇八年）。特別支援教育や通常の教育に見られている社会性による評価と競争は、子どもや自閉症児者が「自分自身からの排除」に追い込まれる危険性をもったものでもあると強く感じます。

一人ひとりが「自分自身からの排除」ではなく、自分は自分であっていいと思える共感的自己肯定感を実感できる社会（集団）をつくること。これは最初にふれたように、自閉症児者に対してだけではなく、そこにかかわる家族、支援する人自身の願いともつながるものでもあります。この本ではそういった願いや思いを含み込んだ実践や取り組みを取り上げてきました。「自分自身からの排除」を求める社会の流れが強まっているからこそ、それに対峙するこういった実践の意味を、しっかりと考えていく必要があると思っています。自閉症児者の発達と生活をつくり出す実践を、そのような中に位置づけることが、今こそ必要なのではないでしょうか。みなさんの中で、そういったことを考えるきっかけの一つに、この本がなればうれしく思います。

二〇〇九年六月

別府　哲

別府 哲——べっぷ　さとし

1960年、岐阜県生まれ。
京都大学大学院研究科博士課程に学ぶ。
教育学博士。専門は発達心理学。
現在、岐阜大学教育学部教授。
全国障害者問題研究会常任全国委員。
著書に『障害児の内面世界をさぐる』（全障研出版部）
『自閉症幼児の他者理解』（ナカニシヤ出版）
『自閉症スペクトラムの発達と理解』（全障研出版部、共著）
『自閉症児の発達と指導』（全障研出版部、共著）
『保育実践と発達研究が出会うとき』（かもがわ出版、共著）　など

本書をお買い上げいただいた方で、視覚障害等により活字を読むことが困難な方のために、テキストデータを準備しています。ご希望の方は、下記の「全国障害者問題研究会出版部」までお問い合わせください。

自閉症児者の発達と生活——共感的自己肯定感を育むために

2009年 7 月15日　　初版第 1 刷発行
2018年 5 月15日　　第 5 刷発行

著　者　別府 哲

発行所　全国障害者問題研究会出版部
〒169-0051　東京都新宿区西早稲田2－15－10
西早稲田関口ビル 4 F
Tel.03(5285)2601　Fax.03(5285)2603
郵便振替　00100-2-136906
http：//www.nginet.or.jp/

印刷所　株式会社光陽メディア

　ISBN978-4-88134-764-5